OBRIGAÇÕES E CONTRATOS

aspectos teóricos e aplicações

SÉRIE ESTUDOS JURÍDICOS: DIREITO PRIVADO

Luiza Helena Gonçalves

Rua Clara Vendramin, 58 . Mossunguê . Cep 81200-170 . Curitiba . PR . Brasil
Fone: (41) 2106-4170 . www.intersaberes.com.br . editora@intersaberes.com

Conselho editorial Dr. Alexandre Coutinho Pagliarini, Dr.ª Elena Godoy, M.ª Maria Lúcia Prado Sabatella, Dr. Neri dos Santos ▪ **Editora-chefe** Lindsay Azambuja ▪ **Gerente editorial** Ariadne Nunes Wenger ▪ **Assistente editorial** Daniela Viroli Pereira Pinto ▪ **Preparação de originais** Ana Maria Ziccardi ▪ **Edição de texto** Letra & Língua Ltda. – ME, Camila Rosa ▪ **Capa** Luana Machado Amaro ▪ **Projeto gráfico** Mayra Yoshizawa ▪ **Diagramação e *designer* responsável** Luana Machado Amaro ▪ **Iconografia** Regina Claudia Cruz Prestes

---

Dados Internacionais de Catalogação na Publicação (CIP)
(Câmara Brasileira do Livro, SP, Brasil)

Gonçalves, Luiza Helena
  Obrigações e contratos : aspectos teóricos e aplicações / Luiza Helena Gonçalves. -- Curitiba : Editora InterSaberes, 2023. -- (Série estudos jurídicos : direito privado)
  Bibliografia.
  ISBN 978-65-5517-096-2

  1. Contratos - Brasil 2. Direito civil - Brasil 3. Obrigações (Direito) - Brasil I. Título. II. Série.

22-122111   CDU-347.6

Índices para catálogo sistemático:
  1. Obrigações e contratos : Direito civil 347.6
Cibele Maria Dias - Bibliotecária - CRB-8/9427

1ª edição, 2023.

Foi feito o depósito legal.

Informamos que é de inteira responsabilidade da autora a emissão de conceitos.

Nenhuma parte desta publicação poderá ser reproduzida por qualquer meio ou forma sem a prévia autorização da Editora InterSaberes.

A violação dos direitos autorais é crime estabelecido na Lei n. 9.610/1998 e punido pelo art. 184 do Código Penal.

Sumário

9 ▪ *Apresentação*

Capítulo 1
13 ▪ **Noções introdutórias e princípios das obrigações**
    16 | Conceito de obrigação
    20 | Fontes das obrigações
    25 | Função e estrutura das obrigações
    34 | Princípios aplicáveis ao direito das obrigações

Capítulo 2
43 ▪ **Modalidades e classificações obrigacionais**
    44 | Obrigação de dar coisa certa
    47 | Obrigação de dar coisa incerta
    49 | Obrigação de restituir
    50 | Obrigação de fazer
    52 | Obrigação de não fazer
    54 | Obrigação solidária
    55 | Obrigações principais e acessórias
    57 | Obrigações conforme execução, termo e resultado
    60 | Transmissão das obrigações

Capítulo 3
67 ▪ Teoria do adimplemento
68 | Adimplemento *versus* pagamento
70 | Condições objetivas e subjetivas
74 | Prova do adimplemento
77 | Lugar do adimplemento
80 | Meios regulares e especiais de pagamento
87 | Extinção da obrigação sem pagamento
91 | Inadimplemento das obrigações
103 | Consequências do inadimplemento
112 | Cláusula penal: natureza, função e limites

Capítulo 4
115 ▪ Garantias das obrigações e atos unilaterais
117 | *Arras*
122 | Fiança
124 | Aval
124 | Garantias reais
126 | Garantias fiduciárias
128 | Atos unilaterais

Capítulo 5
135 ▪ Introdução à teoria geral dos contratos
136 | Conceito de contrato
138 | Contrato no Código Civil e no Código de Defesa do Consumidor
141 | Princípios gerais dos contratos
160 | Interpretação contratual
166 | Elementos do contrato
169 | Formação do contrato

Capítulo 6
177 ▪ Contratos: classificação, vícios, revisão, resolução e espécies

178 | Tipos de contrato
188 | Responsabilidade contratual
192 | Vícios redibitórios
198 | Evicção
205 | Revisão dos contratos
214 | Extinção do contrato
219 | Resolução do contrato
225 | Espécies de contratos

293 ▪ *Considerações finais*
297 ▪ *Referências*
307 ▪ *Sobre a autora*

Apresentação

Não há como estudar o direito, em especial o direito privado e, nessa seara, o direito civil, sem que o tema *obrigações e contratos* seja abordado. A formação acadêmica e a atuação profissional na área jurídica prescindem do conhecimento acerca desses institutos, os quais se mostram relevantes não só do ponto de vista teórico, mas sobretudo prático. Afinal, todos os dias alguém estabelece uma relação jurídica, seja assumindo o dever de pagar determinada quantia, seja firmando uma compra e venda de um imóvel ou, ainda, a entrega determinada coisa a outra pessoa.

Por esses motivos, este livro revela-se essencial àqueles que se dedicam à carreira jurídica, em especial aos alunos do curso de Direito. Afinal, no atendimento de um cliente, no julgamento de uma demanda e na própria esfera pessoal, espera-se do profissional do direito a abordagem correta no que concerne aos elementos constitutivos e aos efeitos das obrigações e dos contratos.

Assim, um dos objetivos centrais desta obra é introduzir o aluno no estudo das obrigações e contratos por meio dos conceitos e requisitos essenciais. Em seguida, nosso intuito é possibilitar que o aluno conheça os tipos obrigacionais existentes na legislação brasileira, bem como os contratos e suas espécies. Por fim, buscamos desenvolver no aluno a aptidão crítica no âmbito do estudo das obrigações e dos contratos e, assim, facilitar a aplicabilidade prática desse conteúdo.

Para possibilitarmos o alcance desses objetivos, estruturamos este livro em seis capítulos. O Capítulo 1 é dedicado a uma visão introdutória a respeito das obrigações, das noções históricas, bem como da conceituação, das fontes e dos princípios aplicáveis. Cumpre destacarmos, de início, que o direito das obrigações localiza-se na Parte Especial da Lei n. 10.406, de 10 de janeiro de 2002 – Código Civil –, devidamente regulamentado por seus arts. 233 a 420 (Brasil, 2002).

Ainda no primeiro capítulo, analisamos os três elementos que compõem toda e qualquer relação jurídica: (1) os sujeitos (credor e devedor); (2) o vínculo; e (3) o objeto que está sendo negociado.

Em seguida, no Capítulo 2, tratamos das modalidades e das classificações das obrigações. Para tanto, apresentamos as noções de obrigação de dar, de fazer ou de não fazer, bem como as características que tornam uma obrigação principal ou acessória e os elementos aplicáveis ao seu cumprimento para que seja a termo, de resultado ou conforme a execução. Também abordamos as possibilidades previstas para a transmissão de uma obrigação, de modo que as posições originalmente assumidas pelo credor e devedor sofram modificações por meio da cessão, da assunção ou da mudança de posição contratual.

Além disso, é preciso considerar o papel do cumprimento no que tange à satisfação dos interesses envolvidos na obrigação. Essa temática é devidamente tratada no Capítulo 3, no qual estudamos o adimplemento, o inadimplemento e a extinção das obrigações, com suas respectivas formas e efeitos.

No Capítulo 4, discutimos os institutos destinados à garantia ou ao reforço de realização da obrigação, começando pelas arras, ou sinal de negócio, e passando pela fiança e pelo aval. Igualmente evidenciamos o enriquecimento ilícito como derivação de uma obrigação sem causa, nos termos do que determina o art. 884 do Código Civil.

Por fim, dedicamos dois capítulos à análise de uma das principais fontes de obrigações no direito brasileiro: os contratos.

Isso porque, como explica Tartuce (2021b, p. 17), "tanto a obrigação quanto o contrato assumem hoje o ponto central do Direito Privado, sendo apontados por muitos juristas como os institutos jurídicos mais importantes de todo o Direito Civil".

Com isso, igualmente são objetos de estudo, nos Capítulos 5 e 6, os elementos constitutivos, a formação, as classificações, as possibilidades de extinção ou de resolução e as espécies (conforme sujeito, objeto e tipo de obrigação subjacente) dos contratos previstos na legislação brasileira, em especial, os que derivam do direito privado, tendo como marco normativo o Código Civil de 2002.

Encerramos com uma breve conclusão, cujo objetivo é condensar os principais pontos trazidos no desenvolvimento da obra.

Capítulo 1

Noções introdutórias e princípios das obrigações

Em qualquer tema relacionado ao direito, e não seria diferente no direito das obrigações, é relevante uma abordagem histórica acerca do instituto analisado. Quando tratamos de obrigações, precisamos analisar a própria evolução das relações humanas. Arnaldo Rizzardo (2018, p. 8) destaca que

> à medida que se formaram os grupos, e foi se delineando a convivência em alguns setores, ou se unindo as pessoas para fazer frente a certos perigos, ou necessidades, surgiu a exigência de especificar as condutas, ou de se impor os afazeres ou atitudes dos componentes do grupo. Isto na própria convivência grupal, assentando-se ou distribuindo-se compromissos ou encargos. Caso não cumpridos, advinha a aplicação de penas ou castigos, da competência de alguém do grupo, que figurava como o líder.

Diante disso, surgiu a necessidade de criação de normas que regrassem os deveres decorrentes dos compromissos assumidos, como os encargos e as penalizações aplicáveis em caso de descumprimento. Nesse sentido, entra o relevante papel do direito com o intuito de tratar, ainda que de modo inicial, as obrigações, regulamentando-as justamente para a organização da vida em sociedade e a manutenção de certa segurança.

Em um primeiro momento, as obrigações estavam atreladas à própria liberdade dos sujeitos envolvidos, mormente no que tange ao devedor – aquele que assume o dever de cumprir algo em relação a outro, identificado como credor – e que, muitas vezes, pagava ou cumpria a obrigação com sua própria liberdade (caráter eminentemente pessoal).

No entanto, com o passar do tempo e com a valorização do ser humano, no que diz respeito à noção de dignidade humana e de função social, houve uma importante mudança de paradigma, atrelando-se as obrigações a um caráter mais patrimonialista.

Esse novo cenário começou a surgir entre os séculos XIX e XX, com grande influência tanto do direito romano quanto do direito francês, quando as obrigações foram ganhando os contornos que as identificam e definem como tal na atualidade, marcadas pela "diversificação das obrigações, especificando-se no direito comercial, no direito trabalhista, no direito econômico e, em ramos mais retalhados, como no direito de autor, no direito agrário, no direito do consumidor, e até no direito tributário" (Rizzardo, 2018, p. 10).

Como já apontamos, o avanço das relações pessoais e comerciais e suas respectivas complexidades serviram de parâmetro para retirar o aspecto pessoal das obrigações, o qual foi substituído por um caráter patrimonial.

Dessa forma, as obrigações assumidas deixaram de ser respondidas pelo indivíduo em si e passaram a ser respondidas pelo seu patrimônio, ou seja, pelo conjunto de bens que farão frente à obrigação ou a eventuais descumprimentos, o que gera, inclusive, as noções básicas em matéria obrigacional no que tange aos tipos de obrigações: dar, prestar, fazer ou não fazer (Pereira, 2020).

— 1.1 —
Conceito de obrigação

Em que pese a lei, em si, não definir obrigação, esse papel fica com a doutrina, uma vez que vários são os autores que se debruçam nessa tarefa.

Miragem (2021, p. 21) assim argumenta:

> A obrigação é designada considerando a polaridade de interesses de credor e devedor, como relação obrigacional. A relação obrigacional envolve dois aspectos distintos. De um lado, o dever jurídico imposto ao devedor, de realizar a prestação. De outro, o direito subjetivo do credor de obter a satisfação do seu interesse, mediante recebimento da prestação. Outro modo de expressar os interesses envolvidos na relação jurídica obrigacional será a referência ao débito ou dívida, na perspectiva passiva da obrigação, e o direito de crédito em sua perspectiva ativa. O direito das obrigações, desse modo, ocupa função dinâmica do direito privado, consistente na disciplina das causas de circulação de riqueza, ao contrário de outras disciplinas, como o direito das coisas, por exemplo, que tendem a ocupar uma função estática, de conservação do patrimônio.

Ainda, sob a ótica do que escreve Paulo Nader (2019, p. 2), o direito das obrigações:

> refere-se ao sub-ramo do Direito Civil, que disciplina as relações jurídicas entre credor e devedor. Tais vínculos são de

conteúdo patrimonial, mais especificamente de crédito. Como toda ramificação da árvore jurídica, o *Direito das Obrigações* é reunião de princípios e de normas de conduta social que têm por causa final os valores justiça e segurança. Compõe-se de uma parte geral, que configura propriamente a *teoria geral das obrigações*, e a especial, relativa ao contrato e suas espécies, atos unilaterais, títulos de crédito e responsabilidade civil. Sob o aspecto subjetivo, como se verá detidamente, obrigação é a relação de natureza econômica existente entre credor e devedor.

Assim, destacamos que os elementos comuns à noção de obrigação são as figuras dos sujeitos – identificados pelo devedor e credor –, o vínculo jurídico existente entre eles, ou seja, o liame obrigacional que fundamenta a obrigação (de dar, fazer, não fazer etc.) e a busca pelo cumprimento da prestação prevista.

Couto e Silva (2006) destaca, por sua vez, a importância de considerarmos a obrigação como um processo que se desenvolve não por atos estanques, de modo isolado, mas sim de maneira interligada, tendo por finalidade o cumprimento, ou seja, o adimplemento daquilo que restou negociado e ajustado entre as partes.

Nesse sentido, desponta, sobretudo, a cooperação das partes em busca do bem comum (satisfação recíproca de interesses) como forma de se compreender a obrigação de maneira completa.

Disso advêm as ideias de cooperação e de solidariedade, que, sob a ótica de Couto e Silva (2006), deságuam em um vínculo obrigacional consubstanciado na soma de elementos, e não em um dualismo de constante contraposição entre devedor e credor (um cobrando do outro o cumprimento da obrigação).

Como defende Couto e Silva (2006, p. 19-20), é preciso pensar a obrigação como um sistema dinâmico de atos destinados ao "desenvolvimento da relação obrigacional e que entre si se ligam com interdependência".

Essa é a razão pela qual outros autores, a exemplo de Caio Mário da Silva Pereira (2020, p. 6, grifo do original), seguindo a mesma linha de raciocínio, conceituam a obrigação como um:

> *vínculo jurídico em virtude do qual uma pessoa pode exigir de outra prestação economicamente apreciável.* E, diante da visão contemporânea, tal vínculo deve se basear na obediência aos valores e princípios constitucionais, inclusive a dignidade da pessoa humana e a solidariedade social. Assinalamos, ainda, a indispensabilidade de configurar a obrigação cada vez mais como uma relação de cooperação, não podendo, atualmente, o Direito das Obrigações ser considerado o estatuto do credor, e sim informado pelos valores e princípios constitucionais. Trata-se de adotar a perspectiva dinâmica e funcional das obrigações.

Além disso, como explica Miragem (2021, p. 1), a obrigação pode ser compreendida como "toda a espécie de dever, de conteúdo jurídico ou simplesmente moral", o que significa dizer, do ponto de vista dos sujeitos envolvidos, que "estou obrigado

a tal conduta", ou "estás obrigado comigo a tal comportamento".
Ainda de acordo com Miragem (2021, p. 1), também podemos conceituar a obrigação como um "vínculo jurídico pelo qual uma pessoa (o devedor) assume o dever de realizar uma prestação consistente em um interesse de outra parte (o credor)".

Como observarmos, inúmeras são as definições dadas para as obrigações, as aqui destacadas servirão como base para os temas desenvolvidos a seguir.

O direito das obrigações no sistema jurídico brasileiro

Como vimos, o direito das obrigações está inserido no direito privado, razão pela qual seu marco legal de referência é o Código Civil.

Com a entrada em vigor da Lei n. 10.406/2002, houve a unificação das obrigações civis com as comerciais, em razão de ter sido adotada, pelo direito brasileiro, a chamada *teoria da empresa*, de influência do direito italiano.

Assim, atualmente, tanto as obrigações de natureza pessoal quanto as de natureza comercial são reguladas pela mesma sequência de artigos, positivados no Livro I (Do direito das obrigações) da referida lei, começando pelas modalidades, bem como tratando das possibilidades de transmissão, pelas formas de adimplemento e inadimplemento, até os chamados *negócios jurídicos*, entre eles, os contratos.

Portanto, todos os pontos que serão analisados, em seguida, estarão devidamente localizados nos arts. 233 a 965 do Código Civil de 2002[¹¹] – Lei n. 10.406/2002, o espectro normativo base do presente estudo.

— 1.2 —
Fontes das obrigações

É sempre relevante em todas as temáticas do direito uma consideração prévia sobre suas fontes, isto é, sobre as causas que dão origem a uma obrigação.

Como explica Rizzardo (2018, p. 18), de modo geral, com base no Código Civil, é possível que sejam identificadas:

> cinco principais fontes: os contratos, regulados desde o art. 421 até o art. 853; os atos unilaterais da vontade, conforme previsão do art. 854 ao art. 886; os títulos de crédito – art. 887 ao art. 926, lembrando-se que o Código anterior trazia algumas regras sobre os títulos ao portador, conforme se vê em seus arts. 1.505 a art. 1.511; a responsabilidade civil, disciplinada nos arts. 927 a 954; e as preferências e privilégios creditórios previstos nos arts. 955 a 965.

---

1   Como nota de esclarecimento, a partir deste ponto, utilizaremos na obra o termo Código Civil, o qual, quando mencionado, fará referência à Lei n. 10.406/2002.

No presente estudo, porém, vamos nos aprofundar nas seguintes fontes: o negócio jurídico, tanto bilateral, no caso dos contratos, quanto unilateral, a exemplo do enriquecimento sem causa; a própria lei; e o ato ilícito.

Divisão das fontes obrigacionais

Com base em Tartuce (2021b, p. 35), lembramos que fonte "é uma expressão figurada, indicando o elemento gerador, o fato jurídico que deu origem ao vínculo obrigacional". É possível que façamos uma grande divisão das fontes antes mencionadas, tomando por base a participação humana, por meio de uma ação ou omissão, e a respectiva manifestação de vontade.

Dito isso, as obrigações podem ocorrer de maneira voluntária, por iniciativa própria daquele que tem interesse em firmar um liame obrigacional, inclusive definindo o tipo de compromisso assumido, seus direitos e deveres, ou decorrente da lei, sem que necessariamente ocorra uma manifestação de vontade, como acontece, por exemplo, na reparação de danos oriunda de um ilícito (Rizzardo, 2018).

Significa dizer que as fontes obrigacionais também podem ser assim divididas: de um lado, as atreladas à vontade humana, manifestadas, de regra, por um querer do sujeito, desde que seguindo aquilo que o ordenamento jurídico permite e determina; e, de outro lado, a lei, quando prevê de modo expresso certa obrigação que deverá ser cumprida independentemente de manifestação de vontade (Pereira, 2020).

Feitas essas considerações sobre a classificação das principais fontes obrigacionais, vamos analisá-las de maneira específica, tratando das principais características de cada uma.

A primeira fonte aqui analisada é justamente a dos **negócios jurídicos**, em razão de representar a maior e mais ampla fonte de obrigações do direito.

Essa posição de destaque dos negócios jurídicos advém da própria forma de organização adotada pelo legislador no Código Civil, em que há um amplo rol de artigos destinados exclusivamente a regular essa temática. De acordo com Miragem (2021), o negócio jurídico é a relação pela qual uma ou mais pessoas manifestam vontades em relação a certo objeto e, assim, assumem os efeitos jurídicos daí advindos.

Por esse motivo, o negócio jurídico implica a aquisição, **a modificação ou a extinção de direitos**. Quaisquer desses efeitos visam ao atendimento dos interesses que, porventura, orbitam ao redor do objeto da negociação e que atendem às expectativas das partes envolvidas.

Os negócios jurídicos, dependendo do número de envolvidos e dos interesses em voga, podem ser unilaterais, bilaterais e plurilaterais. Na prática, porém, o contrato, na qualidade de negócio jurídico bilateral, revela-se como a modalidade mais significativa (Miragem, 2021).

Nessa esteira, Rizzardo (2018, p. 21) defende que:

> Pela importância das relações bilaterais, ou dos acordos de vontades, que se exteriorizam na conjugação das declarações

num determinado sentido, com objetivo patrimonial, pode-se dizer que as obrigações nascem como efeito do contrato. [...] O ato bilateral (negócio) é a gênese da obrigação. Tal ato é sempre jurídico, isto é, obedece a padrões legais, o que enseja a proteção.

Cabe consignar que, com relação aos negócios jurídicos, subsiste a autonomia de vontade e a liberdade em contratar, ou seja, as partes podem decidir se querem e como querem firmar um pacto, bem como escolher o tipo contratual que será adotado e que melhor atende aos interesses em voga, sobretudo no que tange ao objeto da negociação.

Para fins de validade e eficácia do negócio jurídico, é preciso que ele atenda aos requisitos previstos no art. 104 do Código Civil, quais sejam: capacidade do agente, objeto lícito e possível, determinado ou determinável e forma definida em lei ou não proibida por ela (Brasil, 2002).

A segunda fonte das obrigações é a **imputação legal**, que entendemos por eventual previsão legal da qual deriva uma obrigação que deve ser observada, ou seja, que tem como origem uma imposição legal.

Comumente, temos como exemplo dessa fonte obrigacional a matéria relacionada com a responsabilidade civil. Por essa razão, como explica Miragem (2021, p. 47):

> Conjuga-se sob esta fonte, tanto as hipóteses em que é a lei que impõe o dever de indenizar por danos decorrentes de atos ilícitos ou mesmo lícitos, e ainda outras situações em que a

lei define a obrigação a partir de um fato que qualifica como causa da obrigação, independentemente da conduta daquele a quem se determina como devedor. Será o caso da obrigação de alimentos decorrente de relação de parentesco, por exemplo, ou ainda as hipóteses em que é imputado ao Estado o dever de indenizar, não por ter cometido um ato ilícito, senão simplesmente por ter imposto um sacrifício ao patrimônio de um particular, rigorosamente de acordo com o direito vigente, que ao autorizá-lo, exige igualmente a recomposição do patrimônio por intermédio da indenização, em respeito ao direito fundamental de propriedade. Nesses casos, a obrigação resulta de determinação da norma.

Existindo um **ato ilícito**, tal como determinam os arts. 186 e 927 do Código Civil, advém a necessidade de reparação do dano ocasionado, sendo essa a obrigação adjacente à previsão legal, e terceira analisada aqui.

Não há dúvidas acerca de sua determinação, já que o texto legal do mencionado art. 927 do Código Civil é claro ao dispor que aquele que causar dano fica obrigado a repará-lo. Diante disso, como afirma Pereira (2020, p. 36), a lei "estabelece obrigação para o indivíduo, em face de comportamento seu, independentemente de manifestação volitiva".

De outra forma, como explica Rizzardo (2018, p. 11), também se configura a lei como fonte obrigacional no "caso do dever de adimplir os compromissos, ou de efetuar o pagamento de dívidas, ou de usar um bem para a finalidade prevista por um diploma".

Nesse caso, a lei é fonte de obrigação principalmente quando, do ponto de vista fático, existe entre ela (a lei) e sua realização um vínculo que a faz ser observada e cumprida.

— 1.3 —
Função e estrutura das obrigações

No estudo das funções e da estrutura das obrigações, é necessário identificar os chamados *elementos constitutivos* da obrigação, entre eles, o conteúdo e o vínculo jurídico existentes na relação obrigacional, os sujeitos dessa relação e, por certo, os efeitos daí decorrentes, ou seja, os deveres e os direitos gerados pela obrigação firmada.

Cada um desses aspectos será abordado a seguir para que tenhamos uma visão mais completa de como as obrigações se desenvolvem.

— 1.3.1 —
Conteúdo e vínculo jurídico das obrigações

Quando falamos em conteúdo de uma obrigação, invariavelmente estamos nos referindo ao objeto que será tratado no bojo da obrigação. Ou, como explica Tartuce (2021b, p. 21, grifo do original), naquilo que podemos convencionar como sendo:

O *objeto imediato da obrigação*, perceptível de plano, é a *prestação*, que pode ser positiva ou negativa. Sendo a obrigação positiva, ela terá como conteúdo o dever de entregar coisa certa ou incerta (obrigação de dar) ou o dever de cumprir determinada tarefa (obrigação de fazer). Sendo a obrigação negativa, o conteúdo é uma abstenção (obrigação de não fazer).

O objeto, como vimos, diz respeito àquilo que deve ser pago, realizado, oferecido ou omitido, exatamente como restou previsto no pacto ou como determina a lei da qual deriva, configurando, nesses casos, o objeto mediato da obrigação (Tartuce, 2021b).

O objeto, portanto, nada mais é do que a prestação que deverá ser observada (cumprida) pelo devedor em favor do credor, ambos sujeitos da obrigação, como veremos a seguir.

Como esclarece Rizzardo (2018, p. 37), para que a obrigação tenha validade, seu objeto precisa ser "lícito, possível e de valor econômico ou moral", estar previsto em lei, além de ter finalidade econômica, já que deve expressar os interesses das partes, ou, no mínimo, ser passível de avaliação monetária.

Nesse sentido, como esclarece Rizzardo (2018, p. 36), "considera-se objeto, aqui, a prestação, ou aquilo que deve ser feito, prestado ou omitido. Por outras palavras, é o fato que o devedor ou obrigado deve prestar, e, assim, qualquer atividade humana determinada, desde que prevista em lei ou determinada no contrato".

Alguns autores também utilizam a noção de prestação para exprimir o objeto (conteúdo) da obrigação, entretanto, como destaca Nader (2019, p. 18, grifo do original):

> Objeto da obrigação é sempre uma prestação, a conduta que o sujeito ativo pode exigir do passivo, enquanto o objeto da prestação compõe-se de um ato humano positivo ou omissivo. [...] O objeto da obrigação é sempre uma conduta: *dar, fazer* ou *não fazer*, enquanto o objeto da prestação é definido pela resposta que se possa dar à indagação: *dar, fazer* ou *não fazer o quê?*

Com base no trecho citado, podemos concluir que, por um lado, se o objeto tem natureza positiva, significa que a obrigação também ganhará contornos positivos, como no caso de dar ou fazer algo, por outro lado, se o objeto tiver essência negativa, a obrigação, por conseguinte, também será negativa, como no caso de um não fazer ou de uma abstenção (Pereira, 2020).

Ainda no que se refere ao conteúdo da obrigação, destacamos o teor do art. 313 do Código Civil, que determina que o "credor não é obrigado a receber prestação diversa da que lhe é devida, ainda que mais valiosa" (Brasil, 2002).

A jurisprudência, nesse sentido, é bastante assertiva, razão pela qual passamos à análise do Agravo de Instrumento n. 45830-07.2019.8.16.0000, relator Des. Luciano Carrasco Falavinha Souza, e da Apelação Cível n. 300737-24.2016.8.24.0066, relator Des. Luiz Zanelato:

Agravo de Instrumento. Cumprimento de sentença. Acordo que estabeleceu entrega de apartamento com determinada metragem. Não cumprimento. Executado que cumpriu a obrigação de forma diversa. Pleito pela conversão da obrigação de fazer em perdas e danos. Possibilidade. Inteligência do art. 313 do Código Civil. Recursos conhecidos e providos. 1. Pela interpretação do art. 313 do CC/2002 pode-se afirmar que o objeto do pagamento é a prestação, podendo o credor se negar a receber o que foi pactuado mesmo sendo a coisa mais valiosa. Trata-se de concretização da antiga máxima romana *nemo aliud por alio invito creditore solvere potest*. Essa regra reforça a individualização da prestação na obrigação de dar coisa certa, como outrora exposto. Concretizando, se a obrigação do devedor é de entrega de um lote imobiliário, não pode o credor ser obrigado a receber outro, ainda que mais valioso. (TJSP, Apelação com Revisão 415.544.4/8, Acórdão 4127884, Mogi-Mirim, 6ª Câmara de Direito Privado, Rel. Des. Sebastião Carlos Garcia, j. 15.10.2009, DJESP 24.11.2009). apud Manual de direito civil: volume único / Flávio Tartuce. – 8 ed. rev. atual. e ampl. – Rio de Janeiro: Forense; São Paulo: MÉTODO, 2018, pág. 431. 2. Ajustando as partes que a obrigação seria cumprida com a entrega de um apartamento com metragem específica, não pode o devedor entregar outro com metragem menor. Obrigação não cumprida. 3. Possibilidade de a obrigação ser convertida em perdas e danos, nos termos do art. 499 e 500 do CPC, cujo montante já foi fixado desde a fixação do acordo. 4. Agravos providos em parte. (Paraná, 2020a)

APELAÇÃO CÍVEL. AÇÃO DE EMBARGOS À EXECUÇÃO. SENTENÇA DE IMPROCEDÊNCIA DOS PEDIDOS. RECURSO DO EMBARGANTE/EXECUTADO. CÉDULA DE CRÉDITO

BANCÁRIO. MÚTUO PARA LIBERAÇÃO DE VALORES EM CONTA CORRENTE DE SOCIEDADE COOPERATIVA, MEDIANTE CONTRAPRESTAÇÕES FIXAS IGUAIS E SUCESSIVAS. RAZÕES RECURSAIS QUE SE LIMITAM A DEVOLVER A ALEGAÇÃO DE CULPA EXCLUSIVA DO EXEQUENTE NO INADIMPLEMENTO DO DÉBITO. RECONHECIMENTO PELO DEVEDOR DE QUE EFETUOU A QUITAÇÃO APENAS DE VINTE E QUATRO DAS SESSENTA PARCELAS DEVIDAS. TENTATIVA EXTRAJUDICIAL DE REQUERER DESCONTO NAS PRESTAÇÕES, EFETUAR PAGAMENTO PARCIAL OU ENTREGAR O VEÍCULO OBJETO DE GARANTIA. FATOS QUE NÃO OBSTAM À EXIGIBILIDADE DO DÉBITO. CREDOR QUE NÃO PODE SER OBRIGADO A RECEBER PRESTAÇÃO DIVERSA DA PACTUADA. INTELIGÊNCIA DOS ARTIGOS 313 E 314 DO CÓDIGO CIVIL. MORA DO DEVEDOR CONFIGURADA E QUE NÃO PODE SER AFASTADA. SENTENÇA MANTIDA NA ÍNTEGRA. VERBAS SUCUMBENCIAIS. APELO MANEJADO SOB A VIGÊNCIA DO CPC/15. NOVO REVÉS DO RECORRENTE. HONORÁRIOS RECURSAIS. MAJORAÇÃO DA VERBA EM FAVOR DO CAUSÍDICO DA APELADA QUE SE IMPÕE. EXEGESE DO ARTIGO 85, § 11, DO CPC. SUSPENSA A EXIGIBILIDADE POR FORÇA DO ARTIGO 98, § 3º, DO CPC RECURSO CONHECIDO E DESPROVIDO. (Santa Catarina, 2020)

Em ambos os casos citados, não houve a desobrigação do assumido pelo devedor exatamente por não oferecer aquilo que havia restado ajustado em cada um dos casos, razão pela qual foi aplicado o mencionado art. 313 do Código Civil.

Em seguida, também há de se tratar como elemento constitutivo de uma obrigação o chamado *vínculo jurídico*, haja vista que a maioria dos pactos dos quais as obrigações derivam se dão justamente por meio de relações travadas entre sujeitos (que serão analisados na sequência) e um objeto (tal como já visto anteriormente) por meio de um liame que os liga.

Nessa toada, devemos compreender por vínculo a combinação de vontades que, juntas (ou quando se encontram), perfectibilizam uma obrigação, de maneira que "se caracteriza pela ligação estabelecida entre o credor e o devedor em torno da prestação que este se compromete a realizar em favor daquele" (Tepedino; Schreiber 2021, p. 16).

De outra forma, podemos entender o vínculo, segundo Pereira (2020, p. 24), como:

> a essência abstrata da obrigação, o poder criador de um liame por cujo desate o indivíduo respondia outrora com a sua pessoa e hoje com seu patrimônio. É ele que traduz o poder que o sujeito ativo tem de impor ao outro uma ação positiva ou negativa, e exprime uma sujeição que pode variar largamente, dentro, porém, de dois extremos, que são os seus limites externos: a seriedade da prestação e a liberdade individual.

Em que pese traduzir uma espécie de sujeição do credor em relação ao devedor, esse vínculo jurídico deve ser visto, de modo mais atualizado, pelo viés da cooperação, tal como analisado anteriormente, já que a "doutrina mais recente, contudo, acentua a necessidade de a obrigação ser analisada sob um aspecto dinâmico e funcional, em que o dever de cooperar, entre outros, é reconhecido em relação ao credor" (Pereira, 2020, p. 24).

Uma vez definidos o conteúdo e o vínculo jurídico, explicaremos quem são e quais são os sujeitos de uma relação jurídica obrigacional.

— 1.3.2 —
Sujeitos da relação obrigacional

Os sujeitos são as pessoas envolvidas em uma obrigação, identificados pelas figuras do credor e do devedor. Basicamente, podemos dizer que o credor é aquele que receberá a prestação e que o devedor é aquele que deve cumpri-la, ou seja, quem "assumiu o encargo de cumprir determinado ato, ou que se encontra numa posição de obrigatoriedade perante a lei, ou que praticou um ato nocivo e prejudicial a outrem" (Rizzardo, 2018, p. 35).

Vários autores, entre eles Tartuce (2021b, p. 20, grifo do original), costumam denominar o credor como sujeito ativo e o devedor como sujeito passivo, de maneira que:

> a) *Sujeito ativo* – é o beneficiário da obrigação, podendo ser uma pessoa natural ou jurídica ou, ainda, um ente despersonalizado a quem a prestação é devida. É denominado credor, sendo aquele que tem o *direito* de exigir o cumprimento da obrigação.

b) *Sujeito passivo* – é aquele que assume um dever, na ótica civil, de cumprir o conteúdo da obrigação, sob pena de responder com seu patrimônio. É denominado *devedor*.

Por certo que os papéis assumidos pelo credor e pelo devedor não são estanques e que os direitos e deveres que a eles compete, muitas vezes, se entrelaçam. Isso porque, como explica **Miragem (2021, p. 40)**:

> não se vislumbre esta relação de modo estático, absoluta. Trata-se de relação dinâmica, diz-se de direitos relativos, porque os efeitos se produzem – como regra – apenas entre os sujeitos da relação obrigacional. Por isso, a posição de credor e devedor se identifica a partir do vínculo dos sujeitos em relação à prestação, de modo que, muitas vezes – como ocorre nos contratos comutativos – ambos os contratantes são considerados credor e devedor, conforme se faça referência ao dever que tenham de realizar em favor do outro, ou do interesse cuja titularidade possuem, e cuja satisfação lhe aproveita. Assim, por exemplo, na compra e venda, o vendedor é devedor da entrega da coisa, mas será credor do preço. O comprador, ao contrário, será credor da coisa – seu interesse tutelado juridicamente é recebê-la íntegra e livre de vícios – mas devedor do preço.

Cabe destacar que, na hipótese de o devedor não cumprir aquilo que restou convencionado, ele poderá ser compelido a fazê-lo, inclusive, com aplicação de eventuais penalizações, o que se verá de maneira mais apurada quando tratarmos do tema atinente ao adimplemento e inadimplemento, no final do Capítulo 3.

Sob a lógica da relação jurídica, nem sempre as figuras do credor e do devedor se resumem a uma pessoa única, sendo plenamente cabível que, conforme a natureza da obrigação, possa existir uma pluralidade de sujeitos, os quais podem ser pessoas físicas e/ou jurídicas.

— 1.3.3 —
Deveres decorrentes das relações obrigacionais

Os deveres que decorrem de uma relação obrigacional podem ser classificados em principais e acessórios. De maneira lógica, e derivando da própria denominação, os deveres **principais** estão diretamente relacionados com o núcleo da obrigação, ou seja, com aquilo que compõe o próprio objeto e identifica a prestação obrigacional, e os **acessórios** (ou secundários), em geral, servem de preparação ao cumprimento da obrigação principal ou para garantir o correto desenrolar da relação obrigacional (Miragem, 2021).

Em um contrato de compra e venda de um bem móvel, por exemplo, um veículo, poderíamos qualificar como dever principal do devedor **entregar o bem**, assim como do devedor **pagar o preço ajustado**. Em caráter acessório, poderíamos identificar o dever do vendedor em **conservar o veículo** até o momento exato da entrega e da mesma forma que negociado, até para fins de selar o pacto.

Esses deveres se desenvolvem de modo entrelaçado e, em grande parte, estão associados à noção de boa-fé.

— 1.4 —
Princípios aplicáveis ao direito das obrigações

Em toda temática do direito importa sempre observarmos os princípios aplicáveis, que ajudam na disciplina da matéria em apreço. Não seria diferente com as obrigações, sobretudo, no que tange às consequências jurídicas que delas derivam.

Os princípios que poderiam ser verificados são inúmeros, mas, quando se trata do direito das obrigações, são os princípios da boa-fé, da autonomia da vontade, do equilíbrio e dos efeitos perante terceiros os que realmente importam.

A seguir, estudaremos cada um deles, pois balizam as dinâmicas das relações obrigacionais.

— 1.4.1 —
Boa-fé

A boa-fé emana dos valores entabulados na Constituição Federal de 1988 (Brasil, 1988) e se espraiou por todas as ramificações do direito, sobretudo no direito civil; também vários institutos de natureza privada passaram a ter a boa-fé como fio condutor, o que não seria diferente com as obrigações.

No Código Civil, o princípio da boa-fé está expressamente previsto em alguns dispositivos, como os arts. 113, 187, 307, parágrafo único, 309 e 422, os quais tratam da boa-fé no âmbito dos negócios jurídicos, além de estar atrelado à noção de um ilícito (cometido quando excedidos os limites da boa-fé), diretamente ligado ao adimplemento de uma obrigação e, ainda, como cláusula geral aplicável aos contratos (fonte de obrigações).

Ao analisarmos a boa-fé, grande parte da doutrina costuma dividi-la em duas vertentes: (1) subjetiva e (2) objetiva. A primeira relaciona-se à esfera individual do sujeito, ou seja, à sua própria intenção ao firmar uma relação jurídica, de modo a conduzir suas ações atreladas ou derivadas dessa relação. A segunda se manifesta em um contexto externo, já considerando a outra parte e a relação em si (não apenas o âmbito individual).

No tocante ao direito das obrigações, aplica-se o princípio da boa-fé sob sua dimensão objetiva. Como explica Miragem (2021, p. 82):

> O princípio da boa-fé objetiva implica a exigência, nas relações jurídicas, do respeito e da lealdade com o outro sujeito da relação, impondo um dever de correção e fidelidade, assim como o respeito às expectativas legítimas geradas no outro. No direito das obrigações, tem relevância na imposição, a credor e devedor, de deveres de conduta que delimitam o exercício da liberdade de celebrar contratos e formar seu conteúdo. Igualmente,

informa e delimita o exercício de direitos subjetivos, poderes jurídicos, direitos potestativos e faculdades, de que um dos sujeitos seja titular em virtude da lei ou do contrato.

Significa dizer, portanto, que as relações jurídicas geradoras de obrigações ultrapassam o campo de cunho estritamente individualista do sujeito que considera tão somente seus anseios, uma vez que estes devem coadunar-se com os interesses alheios, principalmente daqueles com quem se firma um pacto.

Judith Martins-Costa (2018, p. 216) explica que:

> As consequências da inserção e operabilidade da boa-fé objetiva como instituto jurídico estão fortemente ligadas à concepção dinâmica da relação obrigacional. Ainda se considerarmos que – como instituto jurídico – a boa-fé constituía tema da Teoria Geral do Direito, não há dúvidas sobre ser o Direito das Obrigações a sua sede prioritária.

Além da discussão doutrinária acerca do princípio em voga, no campo jurisprudencial, é importante destacar que os julgados também se utilizam da boa-fé ao apreciar casos concretos, lembrando que, no que se refere à sua aplicabilidade prática, busca-se sempre ressaltar os deveres que devem pautar todo e qualquer liame obrigacional existente, quais sejam, a lealdade, a confiança e a cooperação; inclusive, como derivação direta dos arts. 113, 187 e 422 do Código Civil[12].

---

2   Cf. Paraná, 2020b.

— 1.4.2 —
Autonomia da vontade

Outro princípio importante no estudo das obrigações é o da autonomia da vontade, porque está diretamente ligado à liberdade de firmar e de assumir obrigações. Como explica Miragem (2021, p. 68-69), esse princípio garante "que cada pessoa possa constituir, modificar ou extinguir relações jurídicas, submetendo-se a seus efeitos", ao considerar "a capacidade humana para constituir obrigações a partir de comportamentos voluntários, mediante declaração expressa ou não da vontade, e dar causa ao vínculo jurídico que daí resulte".

Não há como abordar a autonomia da vontade sem tratar do princípio *pacta sunt servanda*, conceito sempre associado à ideia de que, quando um sujeito pactua algo e realiza um negócio jurídico, a partir de então, encontra-se diretamente vinculado ao seu cumprimento sem abertura para eventual rompimento ou revisão. Essa é a compreensão acerca do *pacta sunt servanda*, isto é, de que, realizada por agente capaz e no estrito campo de sua vontade e liberdade, a obrigação permanece inalterável até seu efetivo cumprimento, mesmo que isso signifique uma desproporção de sujeição em relação a uma das partes envolvidas. Em outras palavras, como explica Miragem (2021, p. 88):

> Segundo seu sentido consagrado, pela autonomia da vontade é reconhecido ao indivíduo livre e capaz o poder de constituir e participar de relação obrigacional segundo seu interesse,

sobre o que dá conta mediante livre conformação e manifestação da vontade. Dessa ideia surge como resultado a situação pela qual aquele que mediante manifestação livre de vontade constitui obrigação com outra pessoa, subordina-se aos efeitos daquilo a que se vinculou.

Entretanto, a obrigatoriedade passou a ser relativizada com a introdução, no direito de modo geral, de valores como a boa-fé, a função social e a valorização do ser humano, sob o manto da dignidade da pessoa humana. No direito brasileiro, especificamente, tal alteração tem como marco legal a Constituição Federal de 1988.

Essa mudança foi percebida de maneira bastante incisiva nos tribunais, com decisões cada vez mais recorrentes de afastamento do *pacta sunt servanda*, no sentido de que, em que pese a autonomia de vontade para fins de estabelecer vínculos jurídicos, não significa que não possa existir espaço para revisão ou reconsideração no intuito de reequilibrar a relação diante de fatores que possam influenciar até mesmo a finalidade precípua da obrigação, ou seja, seu cumprimento.

Vejamos, nesse sentido, julgado do Tribunal de Justiça do Paraná que aplicou, em um caso concreto, a relativização do *pacta sunt servanda* justamente com o propósito de reequilibrar a relação e de afastar eventuais abusividades observadas durante o cumprimento da obrigação adjacente:

APELAÇÃO CÍVEL – ação revisional de contratos, lançamentos e débitos bancários cumulada com repetição do indébito – sentença de PARCIAL PROCEDÊNCIA. 1. Possibilidade de Revisão Contratual – Relativização do princípio do pacta sunt servanda – Contratos produzidos unilateralmente pela instituição financeira. 2. Capitalização de juros – Possibilidade de cobrança com base na Medida Provisória nº 2.170-36/2001, desde que expressamente pactuada – Afastamento da capitalização em razão da ausência do contrato. 3. Restituição do Indébito – Valores cobrados a maior que devem ser ressarcidos – Restituição na forma simples. 4. Honorários recursais – Aplicação. RECURSO DE APELAÇÃO NÃO PROVIDO. (Paraná, 2021a)

Ressaltamos, porém, que a possibilidade amplamente admitida de relativização da obrigatoriedade não afasta a autonomia da vontade. Em outras palavras, o sujeito continua a ser livre para manifestar sua vontade e firmar pactos que atendam a seus interesses da melhor forma que lhe aprouver.

Todavia, atualmente, admitem-se eventuais limites e restrições a essa liberdade, com vistas a evitar que ganhe traços de imposição absoluta e de estrita legalidade e com o objetivo de permitir o restabelecimento do equilíbrio da relação.

— 1.4.3 —
Equilíbrio

O princípio do equilíbrio com relação às obrigações associa-se à noção de igualdade entre as partes e do que está sendo objeto de negociação, bem como à maneira como está sendo conduzida a relação. Mas é certo que nem sempre essa paridade consegue ser mantida. Nessa sentido, Miragem (2021, p. 89) explica que:

> No direito das obrigações, o equilíbrio pode ser relativo ao objeto da obrigação – um equilíbrio de prestações, que evidenciam a equivalência material entre elas, por parte dos sujeitos de um negócio jurídico. Da mesma forma, embora o direito das obrigações vise a disciplinar a relação entre iguais, nada impede que se verifique em determinada relação obrigacional um sujeito vulnerável (como ocorre nas relações de consumo, por exemplo), justificando-se pela preservação do equilíbrio da relação, a tutela do interesse deste sujeito mais fraco na relação jurídica, ou, ainda, daquele que ocupa posição com menor poder de barganha, caso do devedor.

Essa é a razão pela qual existem várias previsões legais que se preocupam com a manutenção do equilíbrio, trazendo, em seu bojo, previsões como a do art. 327 do Código Civil, que busca favorecer o devedor ao estipular seu domicílio como lugar de regra para o pagamento da obrigação.

Ainda, o art. 334 do Código Civil permite a desobrigação do devedor e a extinção da obrigação, mesmo sem o pagamento diretamente ao credor, por meio da figura do pagamento em consignação (judicial ou extrajudicial).

Na mesma toada, o art. 397 do Código Civil, parágrafo único, trata da possibilidade de interpelação judicial ou extrajudicial do devedor para somente então constituí-lo em mora, caso se trate de obrigação que não tenha termo.

Um cenário em que a busca pelo equilíbrio (e sua aplicação principiológica) se revela ainda mais significativa é o dos contratos. Nesse campo, verificamos a forte atuação judicial, com vasta jurisprudência, firmada no sentido de possibilitar a revisão contratual e, com isso, reestabelecer o equilíbrio das partes e das prestações devidas, frente, por exemplo, a fatos imprevisíveis, conforme art. 317 Código Civil, ou a situações que gerem uma onerosidade desproporcional, conforme art. 478 do Código Civil. Encontramos, até mesmo, a revisão das bases do pacto em prol de sua manutenção, mas em patamares mais adequados.

— 1.4.4 —
Eficácia em relação a terceiros

Em regra, uma obrigação gera efeitos (assim compreendidos como impactos na esfera de direitos e deveres) àqueles que estão diretamente ligados entre si pelo vínculo obrigacional estabelecido. Todavia, a própria lei civilista contempla algumas situações em que terceiros também podem, de alguma forma, ser atingidos pelas repercussões do pacto firmado. É o caso de outras pessoas, diferentes dos sujeitos originais da relação, ou até mesmo do mercado (Miragem, 2021).

Nesse último caso, esses efeitos podem ser orientados por meio de ações interventivas do Estado. Exemplo disso é o controle de concorrência desenvolvido pelo Conselho Administrativo de Defesa Econômica (Cade), ou ainda pela expressiva atuação em defesa do consumidor, o que se verifica, na prática, pela figura do Programa de Proteção e Defesa do Consumidor, Procon.

Quando os efeitos (eficácia), porém, referem-se a terceiros, é preciso destacar, por exemplo, as hipóteses aventadas nos arts. 305 e 306 do Código Civil, os quais se referem às possibilidades de pagamento como forma de adimplemento e de extinção da obrigação, justamente envolvendo terceiros que não as partes originárias da obrigação.

O art. 305 do Código Civil menciona que o eventual terceiro não interessado que venha a pagar dívida em seu próprio nome tem direito a reembolso. Por exemplo, tem direito a reembolsar-se no caso de um pai que paga uma dívida do filho. Todavia, ele não se sub-roga nos direitos do credor.

Já o art. 306 do Código Civil prevê que o pagamento feito por terceiro, com desconhecimento ou negativa do devedor, ou seja, quando o devedor originário não sabe ou não concorda com esse pagamento, não obriga a reembolso ao que pagou, principalmente se o devedor detinha meios para afastar essa ação do terceiro e evitar esse pagamento.

Capítulo 2

Modalidades e classificações obrigacionais

As modalidades e classificações das obrigações existentes no direito brasileiro derivam do próprio Código Civil – Lei n. 10.406, de 10 de janeiro de 2002 (Brasil, 2002). No bojo do direito das obrigações, há uma série de características que se aplicam a determinadas espécies obrigacionais, cujos principais elementos identificadores analisaremos a seguir.

— 2.1 —
Obrigação de dar coisa certa

A primeira previsão trazida no Livro I do Código Civil referente ao direito das obrigações é justamente a obrigação de dar coisa certa.

Nesse tipo de obrigação, cabe ao devedor entregar (dar) ao credor um bem (móvel ou imóvel), coisa ou objeto determinado, preciso, de tal modo especificado que não há margem para dúvidas. Trata-se de algo que foi objeto de especificação e detalhamento, ou seja, as partes definiram o que seria essa coisa a ser entregue e deixaram ajustadas suas características. Com isso, há uma facilidade de identificação da coisa (bem, objeto), competindo ao devedor, inclusive para fins de adimplir com o avençado, entregar esse objeto ao credor revelando um agir de natureza positiva em favor do credor.

Importa destacar que a prestação (conteúdo da obrigação) é a entrega, e não a coisa em si, uma vez que "a constituição da relação obrigacional por si só não transfere o domínio do bem, exigindo-se a tradição ou transcrição para a alteração da propriedade da coisa móvel ou imóvel, respectivamente" (Tepedino; Schreiber, 2021, p. 55).

Para visualizar em termos práticos como se dão os efeitos do *entregar* ou *dar coisa certa*, podemos imaginar uma obrigação pela qual o devedor se comprometeu a dar coisa certa a um credor. Entretanto, a coisa se deteriorou pouco antes da tradição. Essa coisa refere-se a uma obra de arte que foi atingida por uma inundação, o que influenciou sobremaneira sua aparência e qualidade. Resta saber quais seriam as consequências desse cenário quanto ao cumprimento da obrigação pelo devedor.

Para responder a esse questionamento, é preciso observar as previsões dos arts. 235 e 236 do Código Civil. Na leitura em conjunto de ambos os dispositivos legais, constatamos a necessidade de que seja investigada eventual culpa do devedor na suscitada deterioração do bem.

Nessa esteira, Bruno Miragem (2021, p. 101) explica:

> Na hipótese de ter havido a constituição da obrigação, mas antes da entrega da coisa esta se perder sem culpa do devedor, há resolução de pleno direito da obrigação. Contudo, se a coisa se perder, tornando-se impossível a prestação, por fato imputável ao devedor, este responde perante o credor pelo valor equivalente da coisa e mais perdas e danos (art. 234 do Código Civil). Não se tratando de perda da coisa, mas apenas de sua deterioração, são duas as soluções possíveis. Se a deterioração

não se dá por fato imputável ao devedor, nasce para o credor o direito de resolver a obrigação, extinguindo-a, ou aceitar a coisa no estado em que se encontre, com respectivo abatimento do valor que perdeu (art. 235 do Código Civil). Se a coisa deteriorou-se por fato imputável ao devedor, poderá o credor exigir o equivalente ou aceitar a coisa no estado em que se encontre, sendo titular, em qualquer caso, da pretensão de indenização das perdas e danos (art. 236 do Código Civil).

Logo, caso fique configurado que o devedor não agiu com culpa na manutenção do bem até sua efetiva entrega, o credor terá o condão de resolver (finalizar) a obrigação ou aceitar a coisa no estado em que ela se encontra, desde que realizado o abatimento do valor correspondente àquilo que se perdeu.

Noutra ponta, na hipótese de se apurar culpa do devedor (mau acondicionamento da coisa, por exemplo), caberá ao credor escolher entre exigir um bem equivalente (em termos de qualidade e especificações, dentro do que restou convencionado anteriormente pelas partes) ou aceitar a coisa no estado em que se encontra. Em ambos os casos, porém, o credor pode pleitear a respectiva reparação por perdas e danos.

Por fim, cumpre trazer à baila que as normas atinentes à obrigação de dar coisa certa estão devidamente previstas entre os arts. 233 e 242 do Código Civil.

— 2.2 —
Obrigação de dar coisa incerta

Na obrigação de dar coisa incerta, não há algo facilmente individualizado, ou detalhadamente pormenorizado. Segundo Tartuce (2021b, p. 69):

> a expressão *obrigação de dar coisa incerta* indica que a obrigação tem por objeto uma coisa indeterminada, pelo menos inicialmente, sendo ela somente indicada pelo gênero e pela quantidade, restando uma indicação posterior quanto à sua qualidade que, em regra, cabe ao devedor. Na verdade, o objeto obrigacional deve ser reputado determinável, nos moldes do art. 104, inc. II, do CC. A título de exemplo, pode ser citada a hipótese em que duas partes obrigacionais pactuam a entrega de um animal que faz parte do rebanho do vendedor (devedor da coisa). Nesse caso, haverá a necessidade de determinação futura do objeto, por meio de uma escolha. Assim, *coisa incerta* não quer dizer qualquer coisa, mas coisa indeterminada, porém suscetível de determinação futura. A determinação se faz pela escolha, denominada *concentração*, que constitui um ato jurídico unilateral. Prevê o art. 243 do atual Código Civil que a coisa incerta será indicada, ao menos, pelo gênero e pela quantidade.

O que se leva em consideração nesse tipo de obrigação é o gênero dos bens a qual pertence a coisa incerta, a quantidade ou eventual coletividade de bens em que a coisa incerta, objeto da obrigação, está inserida, além de eventuais características relacionadas com a qualidade do bem (Rizzardo, 2018). O art. 243 do Código Civil estabelece que a coisa incerta será identificada ao menos pelo gênero e pela quantidade.

Como esclarecem Tepedino e Schreiber (2021, p. 57), são:

> obrigações de dar coisa incerta a de entregar 30 quilos de café e a de transferir 10.000 ações preferenciais de certa companhia. Trata-se de prestações determinadas apenas pelo gênero e quantidade, porque ao credor, nessas hipóteses, não interessa quais ações ou quais os grãos de café que receberá, desde que se atenda à quantidade e à qualidade previamente acordados

Em suma, na obrigação de dar coisa incerta, temos a entrega de um conjunto de coisas que se referem a uma quantidade genérica, de acordo com características ou traços comuns, mas sem que haja necessidade de especificação. Nos termos do art. 244 do Código Civil, nas obrigações de dar coisa incerta, salvo disposição em contrário, cabe ao devedor a escolha das coisas determinadas pelo gênero e pela quantidade.

O tratamento legal acerca da obrigação de dar coisa incerta está no rol dos arts. 243 a 246 do Código Civil.

— 2.3 —
Obrigação de restituir

A obrigação de restituir presume a existência de uma obrigação anterior, ou seja, que já existiu um *dar*, ou entregar, determinada coisa de maneira pregressa. Falamos em restituição, portanto, quando, por algum motivo, seja uma previsão estipulada pelas próprias partes, seja determinação decorrente da própria natureza jurídica da obrigação, o objeto ou o bem deve ser devolvido, restituído.

Tepedino e Schreiber (2021, p. 68) destacam, até mesmo como característica própria da modalidade de obrigação em voga, que se trata a restituição de:

> espécie da obrigação de dar, que merece, todavia, tratamento legislativo especial por conta de o credor da prestação figurar como proprietário antes mesmo do seu cumprimento. Ao contrário do que ocorre nas obrigações de dar, o devedor tem, nas obrigações de restituir coisa certa, a simples posse do bem, como depositário ou a qualquer outro título jurídico que não o de propriedade. A propriedade pertence sempre ao credor.

Logo, a coisa sempre pertence ao credor, sendo transferida ao devedor por determinado período, assumindo este o dever de retorná-la.

Um exemplo desse tipo de obrigação se verifica no contexto do contrato de locação, uma vez que o proprietário do imóvel (locador) entrega a posse do bem ao locatário (ou inquilino), conforme ajustado no contrato em termos de prazo e valor (contraprestação a ser paga pelo inquilino). Por óbvio que, ao encerrar, quando o contrato de locação finalizar, o inquilino (devedor) deverá restituir o imóvel ao proprietário (credor).

Os arts. 238 a 241 do Código Civil disciplinam essa forma de obrigação.

— 2.4 —
Obrigação de fazer

A obrigação de fazer está intimamente relacionada com um agir da parte que compõe o liame obrigacional (de regra o devedor/sujeito passivo). Essa ação pode manifestar-se de inúmeras formas, como no caso de um serviço/trabalho ou de um compromisso.

Tartuce (2021b, p. 72, grifo do original) esclarece:

> A obrigação de fazer (*obligatio ad faciendum*) pode ser conceituada como uma obrigação positiva cuja prestação consiste no cumprimento de uma tarefa ou atribuição por parte do devedor. Muitas vezes, a obrigação de fazer confunde-se com a obrigação de dar, sendo certo que os seus conteúdos são completamente diferentes. Exemplifica-se com uma obrigação

cuja prestação é um quadro (obra de arte). Se o quadro já estiver pronto, haverá obrigação de dar. Caso o quadro seja encomendado, devendo ainda ser pintado pelo devedor, a obrigação é de fazer. Com tom didático, pode-se afirmar: *o dar não é um fazer, pois caso contrário não haveria nunca a obrigação de dar.*

Caracteriza-se a obrigação de fazer como uma obrigação positiva, pois há um ato do devedor, uma atividade humana. Um exemplo de ordem prática da obrigação de fazer mostra-se bastante relevante nas ações judiciais em que se tem o direito à saúde como pano de fundo e o fornecimento de medicamentos como providência imediata. Geralmente, essa obrigação de realizar o direito à saúde por meio de medicamentos se perfectibiliza por meio de uma obrigação de fazer a ser cumprida pelo ente público. Vejamos, por exemplo, o Recurso Inominado n. 10049-19.2019.8.16.0130, relator Des. Aldemar Sternadt:

> RECURSO INOMINADO. AÇÃO DE OBRIGAÇÃO DE FAZER C/C PEDIDO DE TUTELA DE URGÊNCIA. AUTORA PORTADORA DE COLITE ULCERATIVA (CID 10, K-51). INDICAÇÃO DO MEDICAMENTO INFLIXIMABE 100MG. NECESSIDADE COMPROVADA. TESE DE RESPONSABILIDADE DA UNIÃO NO FORNECIMENTO DE MEDICAMENTOS DE ALTO CUSTO. DESCABIMENTO. FÁRMACO CONTEMPLADO NA RELAÇÃO NACIONAL DE MEDICAMENTOS ESSENCIAIS 2020 (RENAME). DEVER DO ESTADO NA GARANTIA E PROVIMENTO DO DIREITO À SAÚDE. ART. 196 DA CONSTITUIÇÃO

FEDERAL. RESPONSABILIDADE SOLIDÁRIA DOS ENTES FEDERADOS. ART. 23, II, DA CF. SENTENÇA MANTIDA POR SEUS PRÓPRIOS FUNDAMENTOS. RECURSO CONHECIDO E DESPROVIDO. (Paraná, 2021b)

A obrigação de fazer encontra-se devidamente regulamentada nos arts. 247 a 249 do Código Civil. A respeito dessas previsões, cabe suscitar a possibilidade prevista em lei de que, caso o cumprimento da obrigação de fazer torne-se impossível (mediante fato posterior ao momento em que a obrigação foi realizada), porém sem culpa do devedor, a obrigação será resolvida (extinta).

Noutra ponta, caso derive de culpa do devedor, este deverá responder por perdas e danos observados pelo credor.

Ainda, caso se trate de prestação de fato que possa ser realizada por terceiro, o credor pode optar que esse terceiro a execute, às custas do devedor originário, em caso de existir recusa ou mora (atraso) desse devedor no cumprimento. Também prevê a lei, nesse caso, a inclusão de indenização cabível.

— 2.5 —
Obrigação de não fazer

De forma diametralmente oposta à obrigação vista anteriormente, o *não fazer* significa um não agir, ou seja, o devedor não pode realizar um ato. De modo mais detalhado, Tepedino e Schreiber (2021, p. 86) afirmam que "a obrigação de não fazer tem como objeto uma abstenção por parte do devedor. Diz-se também *obrigação negativa*, pois o comportamento exigido do devedor consiste em uma omissão, um não-fazer. De fato, a obrigação de não fazer impõe tão-somente a paralisia do devedor". Na mesma linha, Tartuce (2021b, p. 81) explica que a obrigação de não fazer:

> é a única obrigação negativa admitida no Direito Privado Brasileiro, tendo como objeto a abstenção de uma conduta. Por tal razão, havendo inadimplemento, a regra do art. 390 da codificação material merece aplicação, pela qual "nas obrigações negativas o devedor é havido por inadimplente desde o dia em que executou o ato de que se devia abster". O que se percebe é que o descumprimento da obrigação negativa se dá quando o ato é praticado. [...] A obrigação de não fazer pode ter origem legal ou convencional. Relativamente à obrigação de não fazer de origem legal, exemplifica-se com o caso do proprietário de imóvel, que tem o dever de não construir até certa distância do imóvel vizinho (arts. 1.301 e 1.303 do CC). Como exemplo de obrigação de não fazer de origem convencional, cite-se o caso de um ex-empregado que celebra com a empresa ex-empregadora um *contrato de sigilo industrial* por ter sido contratado pelo concorrente (*secret agreement*).

O descumprimento da obrigação de não fazer se verifica a partir do momento em que o devedor age quando não deveria agir. Em outras palavras, faz quando não poderia fazer.

Da leitura dos arts. 250 e 251 do Código Civil, observamos que a obrigação de não fazer será extinta desde que haja impossibilidade de abstenção e sem que concorra nenhuma culpa do devedor para tanto. Outrossim, praticado pelo devedor o ato que não deveria realizar, o credor pode pedir que seja desfeito e pleitear perdas e danos.

— 2.6 —
Obrigação solidária

Identificamos a figura da obrigação solidária quando, por exemplo, o cumprimento pode ser realizado por várias pessoas, diferentes sujeitos passivos ou devedores, ou quando há mais de um credor a receber a prestação.

Rizzardo (2018, p. 199) afirma que uma obrigação é solidária quando há:

> um vínculo que conduz a impor o cumprimento de uma obrigação a várias pessoas. Há uma íntima ligação que une duas ou mais pessoas no atendimento de um dever. De acordo com o sentido gramatical, corresponde à coexistência ou interdependência de direitos, obrigações ou responsabilidade comuns a vários indivíduos em um mesmo ato ou fato. Forma-se uma relação de direito ou de um dever entre mais de um credor ou mais de um devedor, sendo tal relação indivisível quanto à exigibilidade do dever ou da prestabilidade do direito. Um

conjunto de pessoas é chamado a atender uma obrigação, a qual pode, no entanto, ser reclamada de qualquer uma delas, na sua totalidade ou numa porção. De igual modo, havendo um crédito ou um direito em favor de vários indivíduos, a um deles, a vários ou à totalidade reconhece-se a faculdade de postular ou reclamar a sua satisfação.

As regras que tratam da obrigação solidária estão devidamente lançadas nos arts. 264 a 285 do Código Civil e abrangem o conceito em si desse tipo de obrigação (existe solidariedade quando, na mesma obrigação, concorre mais de um credor ou mais de um devedor), assim como as tratativas referentes à solidariedade ativa (de credores) e à passiva (de devedores) e os efeitos daí decorrentes.

Ressaltamos que a solidariedade, independentemente se passiva ou ativa, não se presume, ou seja, não há como pressupor que ela exista. É preciso que ela resulte da lei (norma que determine sua verificação) ou da vontade das partes (ajuste realizado diretamente entre os sujeitos da relação obrigacional).

— 2.7 —
Obrigações principais e acessórias

Mais uma classificação possível das obrigações diz respeito ao fato de serem consideradas principais, quando existentes por si, de maneira autônoma e independente, ou acessórias, quando sujeitas à outra obrigação, de caráter dependente. Em suma, como explica Pereira (2020, p. 112):

> Como das próprias expressões se verifica, diz-se que é *principal* uma obrigação quando tem existência autônoma, independente de qualquer outra. E é *acessória* quando, não tendo existência em si, depende de outra a que adere ou de cuja sorte depende. O caráter acessório ou principal da obrigação é uma qualidade que lhe pode advir da vontade das partes ou da lei. Pode-se configurar desde o momento de sua constituição ou aparecer supervenientemente. Podem ambas nascer geminadas ou dissociadas uma da outra. Pode a acessoriedade referir-se ao objeto ou pode ocorrer como uma situação puramente subjetiva.

Como exemplo, podemos citar uma locação atrelada à exigência de uma fiança. Nesse caso, o contrato de fiança terá natureza acessória, já que está diretamente ligado ao contrato de locação, de caráter principal (Nader, 2019).

Um dos principais efeitos práticos que podemos visualizar nessa modalidade de classificação obrigacional diz respeito à extinção. Isso porque, uma vez extinta a obrigação principal, a acessória também se finaliza, o que configura, inclusive, a máxima amplamente difundida no direito de que o acessório segue o principal[1].

— 2.8 —
Obrigações conforme execução, termo e resultado

Dando continuidade às inúmeras formas de classificação das obrigações, denominamos *pura* e *simples* aquela que se realiza por si só, sem condições suspensivas e/ou resolutivas, ou seja, sem condicionantes. Afirmamos que a obrigação se dá a termo quando estão subordinadas a um evento futuro e certo.

---

1 Nessa esteira, destacamos a Ação de Cobrança n. 209.691-1 do Tribunal de Justiça do Paraná: "AÇÃO DE COBRANÇA. RESSARCIMENTO DE DANOS OCORRIDOS EM IMÓVEL LOCADO. PRETENSÃO EXERCIDA PELA LOCADORA CONTRA A FIADORA. CONTRATO DE LOCAÇÃO PACTUADO POR PRAZO DETERMINADO. CONTRATO DE FIANÇA QUE POR SER ACESSÓRIO SEGUE O PRINCIPAL. RENÚNCIA EXPRESSA AO DIREITO DE EXONERAÇÃO DA FIANÇA. VALIDADE DA DISPOSIÇÃO DE VONTADE SOMENTE ENQUANTO PRESENTE O VÍNCULO CONTRATUAL PRINCIPAL. RESPEITO AO LIMITE TEMPORAL PACTUADO. PRORROGAÇÃO DA LOCAÇÃO HAVIDA EM VIRTUDE DE LEI. INEXISTÊNCIA DE RENÚNCIA TÁCITA AO DIREITO DE EXONERAÇÃO DA FIANÇA. FALTA DE ANUÊNCIA DO FIADOR EM PERMANECER NA POSIÇÃO DE GARANTIDOR DA RELAÇÃO LOCATÍCIA. INCOMPATIBILIDADE ENTRE A CLÁUSULA 'ATÉ A ENTREGA DAS CHAVES' E A PRORROGAÇÃO 'EX VI LEGE' DO CONTRATO LOCATÍCIO. ENTENDIMENTO CONSOLIDADO NO SUPERIOR TRIBUNAL DE JUSTIÇA. PRECEDENTES. REAFIRMADA A CONDIÇÃO DE PARTE ILEGÍTIMA DA APELADA. EXTINÇÃO DO FEITO SEM JULGAMENTO DO MÉRITO NOS TERMOS DO ART. 267, VI, DO CÓDIGO DE PROCESSO CIVIL. APELO DESPROVIDO. 1. Em matéria de Direito Contratual, é notória a acessoriedade do contrato de fiança ao contrato de locação, tendo aquele à mesma sorte deste. Logo, se o contrato locatício firmado entre as partes é por prazo determinado, assim também ocorre com o contrato de fiança, ainda que neste conste a cláusula de responsabilidade "até a entrega das chaves". Portanto, tendo havido renúncia expressa ao direito de exoneração da obrigação de afiançar, bem como ao benefício de ordem, deve tal disposição ser interpretada dentro dos limites temporais impostos pelo contrato principal. [...]" (Paraná, 2003).

De modo sucinto, podemos entender essas duas formas de obrigação com base em Miragem (2021, p. 140):

> Obrigações puras são aquelas cuja eficácia típica, definida pela manifestação de vontade das partes ou pela lei, não dependem de qualquer espécie de acontecimento posterior a sua constituição, de modo que, uma vez constituídas, para logo produzem efeitos. São ditas puras porque não contêm na sua **estrutura elementos que afetem sua eficácia imediata, o que ocorre quando se trate da determinação de condição, termo ou encargo**. Assim, por exemplo, um contrato de doação, celebrado para logo produzir seus efeitos, independentemente de qualquer outra situação de fato de que dependam. [...] As obrigações a termo considerem-se como aquelas cuja eficácia está subordinada a termo. Termo, em direito, é evento futuro e certo que subordina à eficácia de determinada relação jurídica.

Ademais, é possível que se setorize a obrigação conforme o tempo em que ela deva ser cumprida.

Assim, quanto ao momento em que as obrigações devem ser cumpridas, elas podem ser instantâneas, diferidas e periódicas (ou continuada), compreendidas da seguinte forma, como explica Tartuce (2021b, p. 125-126, grifo do original):

> A *obrigação instantânea com cumprimento imediato* é aquela cumprida imediatamente após a sua constituição. Se a regra estiver relacionada com o pagamento, será ele à vista, salvo previsão em contrário no instrumento obrigacional (art. 331 do CC). [...] A *obrigação de execução diferida* é aquela

cujo cumprimento deverá ocorrer de uma vez só, no futuro. Exemplo típico é a situação em que se pactua o pagamento com cheque pós-datado ou pré-datado. [...] Muito comum hoje pela ausência de crédito imediato, a *obrigação de execução continuada*, execução periódica ou obrigação de trato sucessivo é aquela cujo cumprimento se dá por meio de subvenções periódicas.

Do trecho citado, vemos, como exemplo de obrigação diferida, a possibilidade do chamado *cheque pré-datado*. Em que pese o cheque ser, pela regra legal, ordem de pagamento à vista[12], na prática mercadológica, tornou-se bastante usual sua utilização para pagamento futuro, com determinada data prevista para vencimento. Nesse caso, podem surgir as seguintes perguntas: caso o cheque seja apresentado antes, haverá alguma consequência dessa antecipação obrigacional? Ou, mesmo que a lei trate o cheque como pagamento à vista, uma vez convencionado entre as partes que seu vencimento ocorrerá em momento futuro (com execução diferida), caso ele seja cobrado antes, haverá algum efeito ao credor?

A resposta está na Súmula n. 370, de 16 de fevereiro de 2009, do Superior Tribunal de Justiça[13], a qual prevê que, caso a apresentação antecipada de um cheque pré-datado gere algum tipo de constrangimento ao devedor, este terá o direito de pleitear eventuais danos morais (Brasil, 2009b).

---

2   Cf. art. 32 da Lei n. 7.357, de 2 de setembro de 1985: "O cheque é pagável à vista [...]" (Brasil, 1985).

3   Caracteriza dano moral a apresentação antecipada de cheque pré-datado.

Quanto à exigibilidade, é possível que existam obrigações consideradas líquidas quando há plena determinação de seus fatores constitutivos, principalmente o valor devido e o que realmente é devido (objeto, coisa), e ilíquidas, quando a definição quanto ao que é devido não é imediata. Exemplo clássico está na obrigação que deriva de uma condenação judicial de reparação de danos, oriunda de um ilícito. Mesmo que exista um título judicial (sentença) determinando a condenação de natureza indenizatória, é preciso que sejam corretamente apurados os valores efetivamente devidos, o que se efetiva por meio da liquidação de sentença.

Quanto ao resultado, as obrigações podem estar atreladas a um objetivo determinado, ou a uma finalidade que deve ser realizada em favor do credor de modo certo, haja vista que "o objeto é uma coisa ou atividade determinada, com a respectiva indicação e particularização" (Rizzardo, 2018, p. 198).

Esse tipo de obrigação pode ser facilmente visualizado no contrato de transporte, cuja obrigação principal é justamente a de levar uma pessoa, ou coisa, desde a origem até o destino, conforme preceitua o art. 730 do Código Civil.

— 2.9 —
Transmissão das obrigações

Nem sempre uma obrigação permanece intacta ou inalterável desde sua formação até seu efetivo cumprimento (com respectiva extinção). Muitas vezes, fatores incidem sobre o liame obrigacional que o leva a ser negociado ou transferido, o que resta plenamente autorizado pelos arts. 286 a 303 do Código Civil.

Várias são as situações nas quais a obrigação originalmente assumida pode ser objeto de transmissão, com a inclusão de terceiros que passam a assumir os encargos e os efeitos da relação originária (aquelas originalmente fixadas pelo credor e devedor). Vejamos alguns exemplos nesse sentido a seguir.

Cessão

Por meio da cessão, o credor literalmente cede sua posição de sujeito ativo a um terceiro, que passa a ocupar "a posição originária de credor", como descreve Miragem (2021, p. 131).

Nas palavras de Tartuce (2021b, p. 321, grifo do original), trata-se de:

> um negócio jurídico bilateral ou sinalagmático, gratuito ou oneroso, pelo qual o credor, sujeito ativo de uma obrigação, transfere a outrem, no todo ou em parte, a sua posição na relação obrigacional. Aquele que realiza a cessão a outrem é denominado *cedente*. A pessoa que recebe o direito de credor é o *cessionário*, enquanto o devedor é denominado *cedido*. [...] Com a cessão, são transferidos todos os elementos da obrigação, como os acessórios e as garantias da dívida, salvo disposição em contrário. A cessão independe da anuência do devedor (cedido), que não precisa consentir com a transmissão. Não há, na cessão, a extinção do vínculo obrigacional, razão pela qual ela deve ser diferenciada em relação às formas especiais e de pagamento indireto (sub-rogação e novação).

O art. 286 do Código Civil deixa evidente a plena possibilidade de o credor ceder sua posição na relação obrigacional. Como indicado no trecho anterior, o negócio jurídico existente na cessão se efetiva entre o cedente e o cessionário, e a obrigação originalmente pactuada continua a gerar efeitos e a existir.

Conforme depreendemos do art. 295 do Código Civil, a cessão de crédito pode ocorrer de maneira gratuita ou onerosa. Na mesma linha, a cessão pode ser total ou parcial, dependendo de quanto se transmite do crédito.

As práticas de cessão de crédito são bastante comuns no mercado financeiro, sendo gratuita quando a transferência (ou cessão) não implicar nenhuma cobrança adicional, ou seja, aquele que tem algum valor em dinheiro a receber, por exemplo, transfere esse crédito a um terceiro sem nenhum ônus. Será total se o valor for por completo cedido, e será parcial se apenas parcela dele for objeto do trato.

Já a cessão onerosa de crédito é realizada mediante pagamento, muito próximo, aliás, a uma compra e venda. Podemos imaginar uma situação em que uma pessoa tenha um direito garantido de receber a quantia de 20 mil reais. Todavia, o recebimento somente acontecerá daqui seis meses. Nesse caso, é possível oferecer a um terceiro para que ele receba a quantia no tempo ajustado, porém pagando de imediato ao cedente. Esse terceiro pagará um valor para adquirir o crédito futuro, passando a ser o novo credor da quantia.

Mesmo que ao devedor não caiba consentir ou não com a cessão, é certo que ele deve ser cientificado de sua existência, conforme determinada o art. 290 do Código Civil, "cessão do crédito não tem eficácia em relação ao devedor, senão quando a este notificada [...]" (Brasil, 2002). Isso é necessário justamente para que o devedor saiba a quem cumprir a obrigação assumida.

No que compete a eventuais terceiros, há exigência legal no sentido de que a cessão seja feita por instrumento público ou particular, atendidos os requisitos do art. 654, parágrafo 1º, do Código Civil.

Assunção

Na assunção de dívida, a substituição acontece no polo passivo da obrigação, com a modificação da figura do devedor. Como esclarecem Tepedino e Schreiber (2021, p. 192), "assunção de dívida ou cessão de débito é a transmissão do polo passivo da relação obrigacional. Trata-se, em outras palavras, da substituição do devedor original por um novo devedor".

Mesmo com a modificação do devedor, a obrigação em si permanece hígida, como explica Tartuce (2021b, p. 330, grifo do original):

> Como partes da assunção de dívida, tem-se o antigo devedor (cedente), o novo devedor (cessionário) e o credor (cedido). Esse novo devedor, que assume a dívida, também é denominado *terceiro assuntor*. Desse modo, na assunção de dívida, ocorre a substituição do devedor, sem alteração na substância do vínculo obrigacional.

Conforme determina o art. 299 do Código Civil, atendidos os requisitos de consentimento expresso do credor e ausência de insolvência do terceiro que assume a posição de devedor, a assunção terá natureza liberatória, desonerando o devedor primitivo da obrigação.

Todavia, a assunção de dívida por terceiro não desobriga o devedor originário quando não há a devida anuência do credor, haja vista que as expectativas quanto ao cumprimento do pacto devem ser mantidas (não gerar surpresas). Assim como ocorre na situação em que um pai assume a dívida do filho: se o credor não concordar, o filho permanece na qualidade de devedor.

Cessão da posição contratual

Na cessão da posição contratual, a transmissão ocorre de tal forma que um terceiro assume integralmente a posição de um dos contratantes que fazia parte do vínculo contratual inicial, de modo que esse "terceiro assuma integralmente a posição do contratante originário, e a titularidade dos direitos, deveres, ônus e de mais prerrogativas com origem em um contrato" (Miragem, 2021, p. 162).

Mesmo que não exista previsão legal, considerando a vasta dinâmica das relações sociais e os contratos constituírem-se em uma das principais fontes de obrigações, o estudo da cessão de posição contratual é importante, razão pela qual ele fica devidamente registrado neste livro. Vamos pensar, por exemplo, na situação em que Y deve para X, que, por sua vez, deve para W. Na hipótese de eventual cessão de posição contratual, podemos visualizar a situação em que X solicita que W tome sua posição em relação a Y.

Capítulo 3

Teoria do adimplemento

Quando tratamos de obrigações, temos um conjunto de atos interligados, voltados a uma finalidade precípua: o cumprimento do que foi ajustado. Por esse motivo, a verificação dos elementos que dizem respeito ao adimplemento é essencial, principalmente no que tange às consequências jurídicas que daí derivam, voltadas, de modo mais especial, à extinção, ou não, da obrigação.

Os caminhos que devem ser percorridos para fins de caracterização do adimplemento, ou do cumprimento de uma obrigação, são muitos, entre eles, a prova desse cumprimento, o lugar e a forma como ele deve, ou deveria, acontecer. Os efeitos advindos do eventual descumprimento de uma obrigação e a análise acerca dos instrumentos que estão à disposição do credor para exigir, de maneira forçada, que a obrigação e o interesse relacionado a ela sejam cumpridos também são relevantes.

— 3.1 —
Adimplemento *versus* pagamento

Em primeiro lugar, é fundamental destacar que as expressões *adimplemento* e *pagamento* são utilizadas, tanto pela doutrina quanto pela jurisprudência, como sinônimas e, neste livro, também serão assim consideradas.

Ao se falar em cumprimento, adimplemento ou pagamento, o cerne da expressão está intimamente ligado à satisfação da **obrigação**. Como explica Nader (2019, p. 250), ocorre o:

pagamento quando o credor realiza o programa estabelecido em ato negocial, lei ou em sentença. É preciso que haja correspondência entre a obrigação previamente definida e o objeto da prestação. A validade do pagamento depende, pois, de sua adequação à regra que o determina. Pagamento é a prestação que o sujeito passivo da relação deve garantir ao sujeito ativo: uma importância em dinheiro, a realização de um espetáculo artístico, a confecção de uma obra de arte, a omissão de competir.

Uma das principais consequências do adimplemento, ou pagamento, é a extinção da obrigação, o que deflagra a liberação do devedor em relação ao credor e àquilo que tinha de ser observado. De outra forma, como explica Miragem (2021, p. 169), o "adimplemento da obrigação é o fenômeno pelo qual há a satisfação do interesse do credor, mediante realização da prestação, identificando, por isso, também causa de extinção da obrigação". Com isso, o credor tem seu interesse devidamente atendido, e o devedor realiza a prestação à qual estava vinculado, desobrigando-se.

O cumprimento, ou adimplemento, pode ser efetivado de diferentes formas, seguindo aquilo que foi ajustado conforme o tipo de obrigação, ou seja, a entrega de um valor em pecúnia (forma mais comum de pagamento), a tradição (entrega) de um bem (móvel ou imóvel), a realização de um serviço e, até mesmo, um não agir (omissão) ou não fazer (Rizzardo, 2018).

De regra, o pagamento está atrelado à noção de cumprimento voluntário, ou seja, como o desfecho normal da obrigação, sem necessidade de valer-se de instrumento que forçosamente levem ao adimplemento.

No entanto, é certo que, caso esse cumprimento não ocorra dentro das expectativas e no que se espera conforme o que foi ajustado no liame obrigacional, a extinção poderá ocorrer, mas de outras formas. Mesmo que, para isso, seja necessário valer-se de meios forçosos de pagamento, o que pode ocorrer pela via judicial, por exemplo.

Da mesma maneira, é possível forçar o cumprimento com a previsão de formas especiais de pagamento, como no caso da imputação, da dação ou até sem qualquer tipo de pagamento, como ocorre com a compensação. Para melhor visualizar esse cenário ora exposto, tais institutos serão devidamente analisados a seguir.

Quando o tema é o adimplemento (ou pagamento), é importante observar algumas condições para que ele seja verificado, inclusive sob a ótica do que a própria lei prevê a respeito. Trata-se das condições objetivas e subjetivas, como veremos a seguir.

— 3.2 —
Condições objetivas e subjetivas

Ao mencionarmos as condições objetivas do pagamento, invariavelmente nos referimos àquilo que está diretamente ligado ao próprio cerne da obrigação e ao que deve ser atendido (interesse envolvido), voltado ao integral cumprimento da prestação, inclusive de acordo com que restou ajustado entre as partes envolvidas.

O Código Civil – Lei n. 10.406, de 10 de janeiro de 2002 (Brasil, 2002) – regula as condições do objeto de pagamento nos arts. 313 a 318, nos quais estão os limites e os efeitos em relação ao pagamento e sua respectiva demonstração, considerando que "o pagamento deve contemplar exatamente o que se encontra ajustado como objeto da obrigação" (Miragem, 2021, p. 173).

Uma das principais previsões acerca do objeto da obrigação e seu cumprimento está lançada no art. 313 do Código Civil, o qual estabelece que o credor não é obrigado a receber prestação diferente daquilo que lhe é devido. Em seguida, os arts. 314 e 315 também determinam que o credor não é obrigado a receber parcialmente, se assim não restou ajustado, muito menos aceitar moeda estrangeira no caso de se tratar de obrigação que envolva prestação pecuniária. Logo, como visto até aqui, as condições objetivas do adimplemento são as relacionadas não apenas com o objeto, mas também com o objetivo da obrigação, ou seja, com aquilo que realmente se busca ao cumprir o convencionado.

Quando tratamos de condições subjetivas, consideramos as características e os interesses envolvidos na obrigação tomando por base os sujeitos ligados à prestação. Isso significa identificar, por exemplo, quem deve pagar, de regra representado pela figura do devedor, ou eventual terceiro que assumiu a obrigação em seu lugar, conforme os arts. 304 a 307 do Código Civil, e a quem deve ser paga a obrigação, ou seja, quem é o credor ou aquele com poderes para receber em seu lugar, conforme arts. 308 a 312 do Código Civil.

Nas palavras de Tepedino e Schreiber (2021, p. 208):

> A pessoa que efetua o pagamento a doutrina denomina *solvens* ou solvente, isto é, aquele que solve a dívida, aquele que dá solução ao débito. O primeiro interessado na extinção da obrigação é o próprio devedor, que se encontra ligado ao credor pelo vínculo obrigacional. O Código Civil admite, porém, que o pagamento seja feito por terceiro, ou seja, por pessoa que não figura na relação jurídica obrigacional, salvo no caso das obrigações personalíssimas ou *intuitu personae*, pois nestas não se admite que outra pessoa senão o devedor cumpra a prestação. Isso porque não se vislumbra prejuízo do credor que recebe o pagamento de pessoa diversa do devedor, desde que o pagamento seja efetuado no modo, tempo e lugar pactuados.

O devedor (quem deve pagar) por certo está interessado na extinção da obrigação e na sua desobrigação. O texto do art. 304 do Código Civil prevê que "qualquer interessado" pode assumir o pagamento, o que se aplicaria também a um não interessado, desde que o faça em nome e à conta do devedor e sem oposição deste, pois, como explica Miragem (2021, p. 181), esse terceiro pode ter um:

> interesse de cunho moral, como é o de quem realiza a prestação como expressão de ajuda ao devedor. Assim, por exemplo,

o pai que paga a dívida do filho, ou em sentido inverso, o filho que paga a dívida do pai. Também o caso daquele que paga a dívida de entidade beneficente ou assistencial que admira, de modo a mantê-la em funcionamento. O pagamento realizado por terceiro não interessado terá disciplina e efeitos distintos, conforme ele pague *em nome e à conta do devedor*, ou *em seu próprio nome*. Se pagar em nome e à conta do devedor, o faz com a intenção de liberar o devedor da dívida.

Todas as questões relacionadas a quem tem a obrigação de pagar, incluindo eventuais terceiros, estão devidamente regulamentadas pelos arts. 304 a 307 do Código Civil.
Noutra ponta, como explica Miragem (2021, p. 167):

> A identificação daqueles a quem se deve pagar também é tema decisivo no tocante às condições subjetivas do pagamento. Quem tem direito a receber o pagamento é, antes de todos, o credor. É o titular do direito de crédito. O interesse na matéria, contudo, surge de várias situações. Pode ser que o credor não possa receber e mande representante. Ou ainda, que tenha se alterado quem seja o credor desde a constituição da obrigação, de modo que tendo havido transmissão do crédito, ou a sucessão do credor, em razão de morte. Em qualquer caso, credor será aquele que for o titular do crédito ao tempo do pagamento.

Os art. 308 a 312 do Código Civil indicam outros sujeitos que também podem receber. É o caso do pagamento feito a representante com poderes para tanto, conforme estipula o art. 308, ou do credor chamado *putativo*, aquele que aparente ser credor (mesmo não o sendo), razão pela qual o pagamento deve ter sido realizado munido de boa-fé, conforme o art. 309, e, por fim, o pagamento ao portador da quitação, aquele autorizado a receber em nome do credor e dar a respectiva quitação, conforme dispõe o art. 311 do Código Civil.

Essas, portanto, são as condições subjetivas do adimplemento, atreladas às figuras dos sujeitos da obrigação: credor e devedor. Em suma, quando se trata de condições subjetivas do pagamento, busca-se identificar quem assumiu o dever de cumprir ou fazer algo e, de outro lado, quem tem o direito a receber a prestação devida.

— 3.3 —
Prova do adimplemento

Para fins de caracterizar o cumprimento efetivo da obrigação e sua extinção, bem como liberar o devedor e satisfazer integralmente o credor, muitas vezes é preciso que seja dada uma prova do adimplemento da obrigação. A representação máxima do adimplemento é a chamada *quitação*, que "declara satisfeito o credor, de modo que se provada sua existência estará provado o adimplemento, fazendo jus o devedor a seus efeitos" (Miragem, 2021, p. 215).

Por regra, essa prova do adimplemento compete ao devedor, que é o mais interessado na quitação e na extinção de suas obrigações, principalmente para afastar quaisquer consequências, como a incidência de juros, multa, atualização da dívida e, até mesmo, a resolução do pacto, com a possibilidade de medidas judiciais (cobrança forçada) e eventuais perdas e danos. Contudo, no caso de obrigações de não fazer, a demonstração de adimplemento recai ao credor, cabendo a este provar que o devedor realmente deixou de agir.

Embora o art. 320 do Código Civil designe alguns elementos da quitação, conforme veremos a seguir, ele não fixa uma forma específica, razão pela qual podemos dizer que a quitação é livre. Nesse sentido, as formas de demonstrar a quitação são várias, como instrumento público ou particular, recibo emitido pelo devedor ou seu representante, quitação presumida, desde que estejam indicados o valor e a espécie da dívida quitada, o nome do devedor, ou quem por este pagou, o tempo e o lugar do pagamento, com a assinatura do credor ou de seu representante.

Como explica Rizzardo (2018, p. 295), o art. 320 do Código Civil:

> encerra os elementos componentes da quitação, o que é do conhecimento geral, dada a disseminação em todos os setores sociais da forma de quitação. Realmente, ninguém ignora que o recibo deve conter o valor pago, a referência a que se destina, a pessoa a quem se faz o pagamento, a data, o local e o devedor.

A recusa do credor em dar a quitação permite que o devedor possa exigi-la, inclusive, pelas vias judiciais, ou retenha o pagamento até que lhe seja dada a quitação pretendida, conforme o art. 319 do Código Civil.

Cabe relembrar, aqui, que, de acordo com o art. 313 do Código Civil, pode existir recusa do credor em dar quitação desde que tenha recebido coisa diversa da combinada.

Há situações previstas na lei que conduzem a uma presunção de quitação, como exposto no parágrafo único do já mencionado art. 320 do Código Civil, visto que, mesmo sem o atendimento dos requisitos expostos no *caput*, existirá quitação e todos os seus efeitos (liberação do devedor, principalmente) **quando de seus termos ou das circunstâncias verificáveis a respeito do adimplemento da obrigação possa revelar-se o devido pagamento.**

O art. 322, por sua vez, esclarece a situação em que exista uma obrigação cujo adimplemento seja convencionado em prestações periódicas. Nesse caso, o cumprimento da última parcela leva à presunção de que houve o pagamento das anteriores e, com isso, a quitação.

O art. 324 do Código Civil deixa clara a entrega do título como forma de presunção de quitação, haja vista a existência de uma prova física do pagamento, já que não haveria razão para o credor devolver o título que serve de substrato à obrigação sem que ela tenha sido cumprida.

Do ponto de vista prático, a prova do pagamento é de extrema importância, justamente sob o aspecto de quem deve pagar e a quem se deve pagar, sem equívocos ou má-fé, para evitar a situação expressa na máxima "quem paga mal paga duas vezes". Essa possibilidade está relacionada ao direito das obrigações no que atine às noções de cumprimento e inadimplemento, pois, como visto, esses conceitos significam a entrega de uma coisa, a realização de uma prestação ou a abstenção de certo ato, todas prestações com as quais se comprometeu o devedor, portanto é seu ônus, por regra, comprovar a respectiva quitação[1].

Ressaltamos que, uma vez que não exista transmissão de obrigação (mudança do credor, por exemplo), caso o devedor não cumpra a obrigação para aquele a quem realmente deveria cumprir, ou cumpriu perante alguém que não tinha poderes para receber ou, ainda, realizou a obrigação de maneira totalmente diversa do ajustado, caberá a esse devedor assumir o ônus daí advindo, sobretudo em face de sua negligência. Entre as consequências está justamente a possibilidade pagar novamente. Essa possibilidade só será afastada quando o credor convalidar ou ratificar o cumprimento realizado pelo devedor, mesmo que de forma defeituosa, conforme determina o art. 308 do Código Civil.

— 3.4 —

Lugar do adimplemento

Outro ponto relevante no que tange ao adimplemento diz respeito ao local onde ele deve ser realizado. O art. 327 do Código Civil, como regra geral, estipula que o pagamento será realizado no domicílio do devedor. Entretanto, existem exceções,

---

1 Com exceção às obrigações de não fazer, que competem ao credor.

por exemplo, caso as partes convencionem de outra localidade, ou se existirem previsões legais específicas determinando um local diverso.

Além desses casos, a natureza da obrigação ou as circunstâncias nas quais foi firmada, e deve ser cumprida, também podem influenciar o lugar do adimplemento.

Em suma, podemos afirmar que, mesmo diante de regra expressa, o local do adimplemento pode mudar e, como determina o art. 327, parágrafo único, do Código Civil, na hipótese de uma pluralidade de locais, caberá ao credor escolher o que melhor lhe aprouver.

Ainda sobre a mudança de local, Tepedino e Schreiber (2021, p. 236) esclarecem:

> É o que ocorre com a obrigação de entregar bem imóvel, cujo pagamento deve se dar no local em que o bem se situa (CC, art. 328). Também é o que se vê, por exemplo, no caso do contrato de compra e venda de bens móveis, em que a tradição deve se dar, salvo estipulação em contrário, no local em que se encontrava ao tempo da celebração do contrato (CC, art. 493). As circunstâncias do caso concreto podem também transferir para outra localidade o cumprimento da obrigação. É o que se verifica quando o devedor reiteradamente efetua o pagamento em outro local (CC, art. 330) ou quando motivo grave impede o seu acesso ou, de qualquer forma, a realização do pagamento no domicílio do devedor (CC, art. 329). Tais hipóteses, não obstante sua previsão legal, encontram-se diretamente ligadas às circunstâncias concretas da relação obrigacional. O lugar do

pagamento pode interferir, ainda, na interpretação da obrigação. Por exemplo, pode ocorrer que o pagamento dependa de cálculo baseado em certa unidade de peso ou medida, como no caso de entrega de certa porção de frutas, ou na transferência de um terreno rural.

Para compreendermos com mais facilidade a possibilidade de exceção diante de motivo grave, Tepedino e Schreiber (2021, p. 239) destacam:

> Não define a lei o que se deva entender por "motivo grave", conceito que será valorado pelo juiz ou árbitro à luz das circunstâncias concretas. É de se admitir, por suposição, a incidência da norma nos casos em que o lugar tenha se tornado inacessível ou de arriscado acesso, por força de desabamento de barragens, tempestade intensa, greve dos meios de transporte, atuação criminosa e assim por diante. Se o local de pagamento, nestas hipóteses, for o domicílio do credor ou do devedor e este não puder deixá-lo, também não se poderá cogitar de mora por parte deles. A rigor, não é preciso que haja impossibilidade de realização do pagamento naquele local, mas tão-somente uma significativa dificuldade de fazê-lo. (Tepedino; Schreiber, 2021, p. 239)

Por fim, o Código Civil ainda trata, no art. 330, de hipótese de presunção de pagamento em outra localidade, diversa da ajustada entre as partes, caso ele ocorra de maneira reiterada em outra localidade. Nesse caso, presume-se que o credor renunciou ao local antes previsto.

— 3.5 —
Meios regulares e especiais de pagamento

Considera-se algo regular aquilo que é ordinário, dentro do que se tem previsto, de modo a atender o que naturalmente se espera. No campo das obrigações, isso se aplica igualmente às formas de pagamento, sendo considerada regular, portanto, aquela que deriva do próprio tipo de obrigação firmada.

Significa dizer que, em face de uma obrigação de dar coisa certa, a obrigação será considerada adimplida com a entrega (tradição) da coisa. Entretanto, se a obrigação refere-se ao pagamento de um valor, o cumprimento ocorrerá com a quitação do montante, a fim de que a realização da prestação, objeto da obrigação, ocorra nos termos ajustados entre as partes, atendendo às suas expectativas e aos seus interesses (Miragem, 2021).

O Código Civil regula algumas dessas formas de pagamento consideradas regulares, como ocorre no caso do depósito em conta do valor ajustado na compra e venda de um imóvel pelo comprador em favor do vendedor.

Como já citamos, é certo que existem excepcionalidades, ocasiões em que o pagamento pode ocorrer de maneira diversa daquela definida na obrigação, seja por ajuste das partes nesse sentido, seja pelas próprias condições originais da obrigação, seja por eventuais interferências incidentes após a constituição da obrigação.

Resultam daí as chamadas *formas especiais de pagamento*, previstas no Código Civil entre os arts. 334 a 359, cujas características e cujos efeitos serão devidamente analisados a seguir.

— 3.5.1 —
Consignação

Regulamentada nos arts. 334 a 345 do Código Civil, a consignação é a modalidade de pagamento pela qual se deposita (consigna-se) a coisa ou a quantia devida para fins de extinção da obrigação, por via judicial (mediante ação) ou extrajudicial (quando realizada perante estabelecimento bancário).

A consignação pode ser invocada quando houver recusa do credor em receber ou sobrevier situação que impeça o credor de receber. As hipóteses em que esse cenário pode ocorrer estão elencadas no art. 335 do Código Civil, quais sejam:

> Art. 335. A consignação tem lugar:
>
> I – se o credor não puder, ou, sem justa causa, recusar receber o pagamento, ou dar quitação na devida forma;
>
> II – se o credor não for, nem mandar receber a coisa no lugar, tempo e condição devidos;
>
> III – se o credor for incapaz de receber, for desconhecido, declarado ausente, ou residir em lugar incerto ou de acesso perigoso ou difícil;

IV – se ocorrer dúvida sobre quem deva legitimamente receber o objeto do pagamento;

V – se pender litígio sobre o objeto do pagamento. (Brasil, 2002)

Como destacam Tepedino e Schreiber (2021, p. 246), o principal objetivo da consignação é desobrigar o devedor, uma vez que ele tem "legítimo interesse em se desonerar para evitar sua própria constituição em mora e para se livrar dos riscos da coisa ou fato que deve prestar", sendo o principal efeito da consignação liberar a dívida mediante o depósito da prestação.

Convém deixar claro, porém, que, para que a consignação tenha esse efeito de quitação, é preciso que estejam presentes todos os requisitos necessários relacionados às pessoas, ao objeto, ao modo e ao tempo de cumprimento da obrigação, do contrário, o pagamento não será considerado válido.

O tema relacionado ao pagamento em consignação pode ser levado aos tribunais, inclusive, com posicionamento do Superior Tribunal de Justiça, como vemos no Recurso Especial n. 886.757/RS, Relator Ministro Teori Albino Zavascki:

> Na consignação em pagamento, o depósito tem força de pagamento, e a ação tem por finalidade ver atendido o direito material do devedor de liberar-se da obrigação e de obter quitação, por isso o provimento jurisdicional terá caráter eminentemente declaratório de que o depósito oferecido liberou o autor da obrigação, relativa à relação jurídica material. (Brasil, 2007b)

Também no Recurso Especial n. 1.170.188/DF, Relator Ministro Luís Felipe Salomão:

> Todavia, para que a consignação tenha força de pagamento, conforme disposto no art. 336 do Código Civil, é mister concorram, em relação às pessoas, ao objeto, modo e tempo, todos os requisitos sem os quais não é válido o pagamento. Destarte, a consignação em pagamento só é cabível pelo depósito da coisa ou quantia devida, não sendo possível ao recorrente pretender fazê-lo por montante ou objeto diverso daquele a que se obrigou, pois o credor (réu) não pode ser compelido a receber prestação diversa ou, em se tratando de obrigação que tenha por objeto prestação divisível, a receber por partes, se assim não se ajustou (arts. 313 e 314 do CC). (Brasil, 2014)

Em ambos os julgados antes destacados, o Superior Tribunal de Justiça reforça a natureza de pagamento e o efeito de liberação que advém da consignação. Cabe observarmos que esse efeito de liberação (quitação) interessa não só ao credor, porque recebe o que esperava, mas também (e principalmente) ao devedor, que se livra de eventuais ônus pelo descumprimento ou atraso no adimplemento da obrigação.

— 3.5.2 —
Sub-rogação

Regulamentada nos arts. 346 a 351 do Código Civil, a sub-rogação ocorre pela transmissão de legitimidade dos direitos derivados da obrigação, isto é, um terceiro paga ao credor e o substitui em relação ao devedor. Como explicam Tepedino e Schreiber (2021, p. 256):

> Pagamento com sub-rogação ocorre quando o pagamento é efetuado não pelo devedor, mas por outra pessoa que se substitui ao credor na relação obrigacional. O sub-rogado fica investido contra o devedor dos mesmos direitos, garantias, privilégios e preferências de que gozava o credor original. O pagamento com sub-rogação é modalidade peculiar de pagamento, porque a obrigação apenas se extingue com relação ao credor, permanecendo eficaz frente ao devedor, que passa a estar vinculado a quem solveu a dívida. Há, portanto, extinção da relação obrigacional apenas no que tange ao credor.

De acordo com Tartuce (2021b, p. 191), significa dizer que, "conforme enuncia o art. 349 do Código Civil, a sub-rogação transfere ao novo credor todos os direitos, ações, privilégios e garantias do primitivo em relação à dívida contra o devedor principal e os fiadores", mas sem que isso implique o "surgimento de uma nova dívida".

Todavia, como destaca Miragem (2021, p. 230), o "devedor não fica desde logo liberado em razão do pagamento feito pelo terceiro ao credor", uma vez que deverá cumprir com sua obrigação frente ao novo credor.

A sub-rogação não se confunde com a cessão, já que esta tem por característica principal refletir uma declaração de vontade das partes. Noutra ponta, a sub-rogação, em que pese também ser possível por vontade, ela decorre de exigência legal, conforme prevê o art. 346 do Código Civil. Ainda como forma de diferenciar os dois institutos: na cessão, ocorre uma transferência voltada ao direito obrigacional em si (direitos do credor e sua vontade em ceder), e, na sub-rogação, o objeto é o próprio pagamento.

— 3.5.3 —
Imputação

Por meio da imputação, o devedor de duas ou mais obrigações que tenham a mesma natureza jurídica e são devidas (deverão ser prestadas) a um mesmo credor (único) pode indicar qual das obrigações pretende cumprir antes, desde que todas estejam líquidas e vencidas.

Isso ocorre, principalmente, quando o devedor não tem condições de adimplir com mais de uma obrigação ao mesmo tempo, sendo-lhe permitida a escolha. Tartuce (2021b, p. 189) afirma:

> O Código Civil de 2002 em nada inova na matéria. Assim, como elementos da imputação, há a identidade de devedor e de credor, a existência de dois ou mais débitos da mesma natureza, bem como o fato de as dívidas serem líquidas e vencidas – certas quanto à existência, determinadas quanto ao valor. A imputação do pagamento visa a favorecer o devedor ao lhe possibilitar a escolha do débito que pretende extinguir (art. 352 do CC). Como a norma é de natureza privada, é possível constar do instrumento obrigacional que a escolha caberá ao credor,

o que inclusive é admitido pelo dispositivo seguinte. Se o devedor não fizer qualquer declaração, transfere-se o direito de escolha ao credor, não podendo o primeiro reclamar, a não ser que haja violência ou dolo do segundo (art. 353 do CC). Caso não haja manifestação nem do sujeito passivo nem do sujeito ativo, a imputação será feita pela norma jurídica, conforme as **regras de imputação legal**.

A regra, portanto, é de que a imputação se faça pela vontade do devedor, mas, caso ele não se manifeste, a lei determina situações denominadas *imputação legal*, conforme se verifica da leitura do art. 355 do Código Civil.

Sob a ótica do mesmo dispositivo legal, caso nem o credor nem o devedor definam qual prestação está sendo adimplida, reputa-se verificada a imputação naquela em que a dívida encontra-se líquida e vencida em primeiro lugar. Se todas já estiverem vencidas e forem líquidas, considera-se operada a imputação na obrigação mais onerosa.

— 3.5.4 —
Dação

Regulamentada pelos arts. 356 a 359 do Código Civil, a dação em pagamento é forma de substituição da prestação originalmente ajustada na obrigação, desde que haja concordância do credor, sobretudo para o fim de liberar o devedor da obrigação e, com isso, efetivar-se a respectiva quitação.

Miragem (2021, p. 240) explica:

> É assentado, no direito das obrigações, que o credor não é obrigado a receber prestação diversa da que lhe é devida, ainda que mais valiosa (art. 313 do Código Civil). É que se costuma referir como princípio da congruência ou da identidade do pagamento. Vale destacar, contudo: o credor não pode ser obrigado; não significa que não pode consentir em receber outra coisa, quando ofertada pelo devedor. Então é que se caracteriza a dação em pagamento. Trata-se do ato de substituição da prestação originalmente definida para a obrigação, mediante consentimento do credor, de modo que outra prestação seja realizada em lugar daquela. É, assim, espécie de negócio jurídico bilateral pelo qual o devedor oferece e o credor aceita receber prestação diversa daquela originalmente devida, dando causa aos efeitos liberatório e extintivo, próprios do pagamento.

— 3.6 —
Extinção da obrigação sem pagamento

O pagamento da obrigação consubstanciado em alguma forma de cumprimento é a regra no que tange à quitação e à extinção do vínculo existente. Todavia, o Código Civil traz algumas situações nas quais a extinção da obrigação pode ocorrer mesmo que não exista nenhum ato próprio de adimplemento.

Essas situações seriam verificáveis por meio da novação, da compensação, da remissão e, por fim, da confusão. A seguir, trataremos de algumas características de cada uma delas.

Novação

Na novação, temos um novo negócio ou uma nova obrigação em substituição à anterior, extinguindo-a. Como explica Rizzardo (2018, p. 369), "extingue-se uma obrigação e surge outra nova. A denominação já deixa entrever que é novada a obrigação, isto é, uma outra aparece no lugar da anterior. Extingue-se uma obrigação e surge outra nova. Mais propriamente, cria-se uma obrigação para extinguir a anterior".

Essa extinção não se concretiza pela via do adimplemento, pois a prestação prevista na obrigação não é cumprida. O que ocorre, como já destacado, é uma nova obrigação, a qual, inclusive, pode ter coincidência de partes ou não. O objetivo da novação é o de eliminar a primeira obrigação valendo-se de uma nova, com mesmas características ou não.

Logo, não há apenas uma alteração dos elementos constitutivos da obrigação originária, mas sim o fim do vínculo antes existente e na forma como fixada.

Conforme dispõe o art. 360 do Código Civil, também se considera novação quando um novo devedor sucede o primitivo, assim como quando outro credor substitui o antigo.

Compensação

Na hipótese da compensação, os sujeitos da relação jurídica obrigacional são credores e devedores entre si, de modo a configurar cumprimento e extinção da obrigação "pelo encontro de créditos recíprocos entre as mesmas partes", ou seja, "quando há créditos de duas pessoas que são, mutuamente, credor e devedor, ocorre a compensação com a extinção desses créditos na exata medida em que se contrapõem" (Tepedino; Schreiber, 2021, p. 289).

Para tanto, é preciso que as obrigações sejam líquidas, vencidas e se refiram a coisas fungíveis, ou seja, com as mesmas características justamente para permitir que possam ser compensadas, sem prejuízo a nenhum dos sujeitos, conforme determina o art. 369 do Código Civil. Por essa razão, se as prestações consideradas forem totalmente iguais, tem-se uma quitação total, com a respectiva extinção das obrigações.

A compensação pode ser objeto de convenção entre as partes tanto para que seja aplicada quanto para que seja excluída, conforme art. 375 do Código Civil. Para um melhor aprofundamento sobre o tema, indica-se a leitura dos arts. 368 a 380 do Código Civil, os quais regulam a compensação e descrevem as características dessa situação, que também pode derivar de lei ou de decisão judicial.

Confusão

Essa modalidade de extinção da obrigação está prevista nos arts. 381 a 384 do Código Civil. Como explica Miragem (2021, p. 251), a confusão ocorre por "algum acontecimento posterior à constituição da obrigação, o qual faz com que a pessoa que, originalmente, detinha a qualidade de credora, também passe a ostentar a qualidade de devedora, ou o inverso". Em outras palavras, há confusão quando as características de credor e devedor possam ser identificadas em uma mesma pessoa.

O art. 381 do Código Civil determina que essa é uma forma de extinção de uma obrigação sem que tenha havido pagamento, ou, conforme alguns autores costumam se referir, por meio de um pagamento indireto.

Miragem (2021, p. 267) explica que a confusão ocorre quando:

> por exemplo, se determinada sociedade A é devedora da sociedade B, credora. A certa altura, na constância do vínculo obrigacional, há a fusão das sociedades, ou ainda, a incorporação de uma pela outra. A sociedade que resulte dos negócios jurídicos em questão reunirá, relativamente àquela obrigação, as qualidades de credor e devedor. Também as hipóteses de sucessão universal, como no caso da sucessão hereditária, quando as obrigações estabelecidas entre o herdeiro e aquele que deixa em herança (*de cujus*), extinguem-se no momento em que a transmissão do patrimônio se opera, ainda que não na morte em si, mas a partir da partilha dos bens. Neste caso, transmite-se o débito ou crédito àquele herdeiro ao qual o vínculo obrigacional se refira. Ainda refira-se a situação em

que uma pessoa emita título de crédito para circulação no mercado, e após sucessivas transmissões, o mesmo título venha a retornar à propriedade do emitente, que passa a reunir as qualidades de devedor e credor.

O art. 382 do Código Civil preceitua que a confusão pode abranger toda a obrigação ou apenas parte dela.

Remissão

A remissão[12] implica uma espécie de perdão, ou dispensa, tratando-se de "liberalidade do credor consistente na dispensa de pagamento da dívida pelo devedor, tendo por efeito a extinção total ou parcial da respectiva obrigação" (Miragem, 2021, p. 271).

Conforme requisito legal, a remissão precisa ser devidamente aceita pelo devedor para que gere seu principal efeito, que é a extinção da obrigação, conforme prevê o art. 385 do Código Civil.

— 3.7 —
Inadimplemento das obrigações

Por certo que, quando há uma obrigação, espera-se que ela seja cumprida (adimplida), no intuito de que os interesses do credor e do devedor sejam devidamente atendidos. No entanto, é preciso

---

2   Apenas como nota elucidativa, cumpre observar que "depreende-se que o significado é 'liberação'. No entanto, a grafia que aparece no Código está errada. A palavra correta é 'remição' Essa é a forma que consta nos dicionários ou vocabulários jurídicos – ato de exoneração, por virtude de lei, feita pelo segundo credor hipotecário, da primeira hipoteca vencida, que grava algum imóvel. Já o termo 'remissão' possui o significado jurídico de perdão, matéria regulada nos arts. 385 a 388 do Código Civil" (Rizzardo, 2018, p. 406).

destacar que nem sempre o cenário ideal é verificado, ou seja, por diferentes motivos (a encargo direto do devedor, do credor, ou não), a inexecução (ou descumprimento/inadimplemento) pode ocorrer, e o direito não poderia deixar de observar as consequências daí advindas.

Logo, o inadimplemento recebe tratamento jurídico e deve ser objeto do presente estudo tanto com relação à exigibilidade por parte do credor quanto no que se refere aos ônus que o devedor passa a assumir.

Inadimplemento significa "descumprimento", "inexecução", "não realizar" a prestação da forma que se esperava, ou seja, conforme o que ficou definido na obrigação. Dessa forma, como explica Miragem (2021, p. 275):

> A exigibilidade da prestação é efeito do vínculo jurídico que resulta da relação obrigacional. A obrigação, de sua vez, se constitui por diferentes formas, de modo que se possa falar do vínculo que resulte do contrato, da própria lei, ou de quaisquer outras fontes das obrigações. Quem deixa de realizar o dever de prestação, nos termos em que delimitado como objeto da obrigação, dá causa ao inadimplemento e fica sujeito aos seus efeitos. Tais efeitos podem decorrer da própria lei, ou da vontade das partes, que previamente os ajustam, tendo em vista a tutela dos interesses do credor (tais como a reparação das perdas e danos que decorram do inadimplemento), ou mesmo como estímulo ao cumprimento da prestação pelo devedor. Quando o comportamento do devedor não corresponda ao exigido segundo a obrigação, estará caracterizado o inadimplemento.

Caso haja o inadimplemento, existirão consequências jurídicas tanto com relação ao devedor, e os ônus que deverá assumir, quanto ao credor, para que disponha de meios de ver seu prejuízo mitigado.

Nesse sentido, o art. 389 do Código Civil traz em seu texto as referidas consequências, a maioria com natureza de penalidade, justamente porque impõe ao devedor inadimplente, por exemplo, responder por perdas e danos, ter a dívida acrescida de juros e atualização monetária, bem como arcar com honorários de advogado, caso seja necessária cobrança por meios coercitivos e desde que haja participação de um profissional da área do direito, conforme Enunciado n. 161 do Conselho de Justiça Federal[13] (Brasil, 2004a). Todos esses encargos, de regra, já se tornam exigíveis desde o momento do descumprimento, sobretudo quando se trata de obrigações de pagar/entregar (coisa ou quantia) ou realizar determinada ação (obrigação de fazer), por exemplo. Com relação às obrigações de não fazer, o dispositivo legal aplicável passa a ser o art. 390 do Código Civil, o qual determina que o inadimplemento tem seu início quando o devedor realiza determinado ato, do qual deveria se abster.

As penalidades antes destacadas são verificadas em face de um descumprimento voluntário, decorrente de ato do devedor que, por dolo ou culpa, deixou de cumprir com a obrigação que assumiu.

---

3   "Os honorários advocatícios previstos nos arts. 389 e 404 do Código Civil apenas têm cabimento quando ocorre a efetiva atuação profissional do advogado". (Brasil, 2004a, p. 58).

Mas há situações que estão além da esfera de simples manifestação comportamental do devedor, fatos alheios à sua vontade e que, de igual modo, podem influenciar o adimplemento de uma obrigação. É o que ocorre nas ocorrências caracterizadas como caso fortuito, força maior ou ato de terceiro. Nesses casos, é possível até mesmo se cogitar a ausência de responsabilidade do devedor pelo inadimplemento da obrigação, haja vista que assim agiu em razão de fatores que lhe fugiram do campo volitivo, tal como estabelece o art. 393 do Código Civil. Logo, como esclarece Miragem (2021, p. 276-277):

> nem toda a situação de inadimplemento gera responsabilidade do devedor. Será necessário, para que se possa atribuir responsabilidade ao devedor, que o inadimplemento lhe seja imputável. Isso significa dizer que, sendo exigível o dever de prestação, a consequente impossibilidade do seu cumprimento será imputada ao devedor, uma vez atribuído, ao seu comportamento, a causa do inadimplemento. Nestes casos, pode ser que o inadimplemento se deu, por exemplo, porque o devedor se recusou a realizar a prestação; ou porque agiu em desconformidade a padrões exigíveis de diligência e prudência deixando, em razão disso, de poder cumprir; ou ainda porque, segundo certo critério assumido pela lei, pelos usos negociais, ou mesmo por convenção das partes, encontra-se definido que certos riscos relativos ao descumprimento lhe são imputáveis. [...] Desse modo, a determinação dos efeitos do inadimplemento dependerá se o descumprimento se dá por

fato imputável ou não ao devedor. Para tanto, será necessário definir se a realização da prestação devida se tornou impossível, e se para esta impossibilidade contribuiu ou não o devedor. Da mesma forma, poder-se-á considerar o inadimplemento a partir da atuação do devedor, de modo que, embora não seja objetivamente impossível a prestação, esta não se realiza em razão da conduta do devedor, que se recusa ou deixa de realizar o comportamento que lhe era exigível.

Na mesma linha, Pereira (2020, p. 299, grifo do original) afirma:

> Quando se impossibilita a prestação, duas hipóteses podem ocorrer: ou a impossibilidade é inimputável ao sujeito passivo, e resulta pura e simplesmente a extinção da obrigação sem outras consequências; ou o devedor é responsável pelo não cumprimento, e então cabe ao credor *exercer* sobre o patrimônio do devedor o poder de suprir a ausência da prestação, direta ou indiretamente.

O inadimplemento pode ainda derivar de outros fatores relacionados ao objeto da prestação que, por um fato natural ou uma questão puramente jurídica, torne-se impraticável ou impossível de ser realizado, razão pela qual exsurgem as modalidades de inadimplemento absoluto e relativo.

— 3.7.1 —
Inadimplemento absoluto

O inadimplemento absoluto se verifica quando não há como a obrigação ser realizada, nem a destempo, pois houve a perda de utilidade (interesse) pelo credor e, com isso, a total impossibilidade de ser cumprida.

Desta feita, segundo Miragem (2021, p. 283):

> Caracteriza o inadimplemento absoluto a não realização da prestação devida em acordo com as condições definidas como objeto da obrigação, de modo que não mais seja possível realizá-la de modo útil ao credor. A melhor doutrina identifica o inadimplemento absoluto com sua característica mais destacada, que é o caráter definitivo em relação à impossibilidade de cumprimento. [...] A impossibilidade definitiva de realização da prestação devida assume este caráter pelo sacrifício do interesse útil do credor. Este sacrifício resulta de que não há mais condições objetivas, fáticas ou jurídicas para seu cumprimento, ou porque, mesmo que existam, a prestação não satisfaz mais o interesse útil do credor.

Ocorrendo o inadimplemento absoluto, poderão a incidir os efeitos previstos no art. 389 do Código Civil, tal como visto anteriormente.

— 3.7.2 —
Inadimplemento relativo (mora)

No caso de inadimplemento relativo, somente parte da obrigação é descumprida, ou ela é adimplida de forma parcial ou a destempo. O grande ponto diferencial em relação ao inadimplemento absoluto é que, nesse caso, ainda há interesse útil do credor em ver a obrigação adimplida mesmo que das formas antes destacadas (fora do termo, parcialmente etc.).

Um dos principais efeitos do inadimplemento relativo é a constituição do devedor em mora, que nada mais é do que "o atraso, o retardamento ou a imperfeita satisfação obrigacional" (Tartuce, 2021b, p. 237).

A mora encontra-se devidamente regulamentada no Código Civil entre os arts. 394 e 401, dos quais se destacam os dispositivos 394 e 397, que trazem em seu bojo a constituição em mora do devedor que não efetuar o pagamento da obrigação, positiva e líquida, em seu termo, bem como a possibilidade de também o credor estar em mora se não quiser receber a prestação convencionada.

Diante de um cenário de inadimplemento pelo devedor, cabe a ele arcar com prejuízos daí decorrentes, incluindo perdas e danos, juros, atualização de valores, em caso de prestação pecuniária ou convertida em moeda, e honorários de advogado, se necessárias medidas extras de cobrança.

A mora tem seu termo inicial (inclusive para fins de contabilização dos ônus antes indicados) conforme o prazo estipulado na própria obrigação. Caso inexista termo ajustado entre as partes, a mora será contabilizada a partir de adequada medida judicial (ação para fim específico de constituição em mora) ou extrajudicial (como no caso de eventual notificação), tal como determina o art. 397, parágrafo único, do Código Civil.

Quando se tratar de obrigação derivada de um ato ilícito, considera-se o devedor em mora desde que praticou o ato, conforme define o art. 398 do Código Civil.

Um dos pontos relevantes também em relação ao estudo da mora diz respeito à possibilidade de purgação. Como explica Tartuce (2021b, p. 247, grifo do original):

> A expressão *purgar a mora* **significa afastar ou neutralizar os efeitos decorrentes do inadimplemento parcial, principalmente do atraso no cumprimento (art. 401 do CC).** Pela purgação ou *emenda da mora*, tanto o credor quanto o devedor que incorreram em mora corrigem, sanam a falta cometida cumprindo com a obrigação ainda em tempo hábil ao adimplemento. Para tanto, deverá a parte que estava inadimplente reparar os eventuais prejuízos causados ao outro sujeito da relação obrigacional. A purgação da mora pelo devedor se **dá pela oferta da prestação, com o acréscimo de juros, correção monetária, multa e honorários advocatícios, sem prejuízo das eventuais perdas e danos.** Por outra via, a purga da mora pelo credor ocorre quando esse se oferece para receber a prestação do devedor, sujeitando-se aos efeitos da mora já

ocorridos. Tanto o devedor quanto o credor podem, conjuntamente, purgar a mora na hipótese em que ambos renunciarem aos prejuízos dela decorrentes

Logo, na forma do art. 401 do Código Civil, a mora será purgada, ou paga, para fins de afastar os efeitos do atraso.

— 3.7.3 —
Inadimplemento mínimo, ou adimplemento substancial

Assim como pode existir o inadimplemento parcial, é possível que, em determinadas situações, ocorra o inadimplemento mínimo (também chamado de *adimplemento substancial*), que significa não um cumprimento total da obrigação, mas sim de modo significativo, a fim de evitar, por exemplo, a resolução do contrato.

O Código Civil não regulamentou essa possibilidade, mas ela vem sendo amplamente adotada pelos tribunais pátrios e, muitas vezes, é objeto de convenção entre as próprias partes. Para melhor compreender a aplicabilidade prática desse instituto, o Superior Tribunal de Justiça firmou o seguinte entendimento no Recurso Especial n. 1.622.555/MG:

> 4. A teoria do adimplemento substancial tem por objetivo precípuo impedir que o credor resolva a relação contratual em razão de inadimplemento de ínfima parcela da obrigação.

A via judicial para esse fim é a ação de resolução contratual. Diversamente, o credor fiduciário, quando promove ação de busca e apreensão, de modo algum pretende extinguir a relação contratual. Vale-se da ação de busca e apreensão com o propósito imediato de dar cumprimento aos termos do contrato, na medida em que se utiliza da garantia fiduciária ajustada para compelir o devedor fiduciante a dar cumprimento às obrigações faltantes, assumidas contratualmente (e agora, por ele, reputadas ínfimas). A consolidação da propriedade fiduciária nas mãos do credor apresenta-se como consequência da renitência do devedor fiduciante de honrar seu dever contratual, e não como objetivo imediato da ação. E, note-se que, mesmo nesse caso, a extinção do contrato dá-se pelo cumprimento da obrigação, ainda que de modo compulsório, por meio da garantia fiduciária ajustada.

4.1 É questionável, se não inadequado, supor que a boa-fé contratual estaria ao lado de devedor fiduciante que deixa de pagar uma ou até algumas parcelas por ele reputadas ínfimas – mas certamente de expressão considerável, na ótica do credor, que já cumpriu integralmente a sua obrigação –, e, instado extra e judicialmente para honrar o seu dever contratual, deixa de fazê-lo, a despeito de ter a mais absoluta ciência dos gravosos consectários legais advindos da propriedade fiduciária. A aplicação da teoria do adimplemento substancial, para obstar a utilização da ação de busca e apreensão, nesse contexto, é um incentivo ao inadimplemento das últimas parcelas contratuais, com o nítido propósito de desestimular o credor – numa avaliação de custo-benefício – de satisfazer seu crédito por outras vias judiciais, menos eficazes, o que, a toda evidência, aparta-se da boa-fé contratual propugnada. (Brasil, 2017)

Portanto, como esclarecem Tepedino e Schreiber (2021, p. 338), a teoria do adimplemento substancial sugere que "seja evitada a resolução do vínculo obrigacional quando a desconformidade entre a conduta do devedor e a prestação estabelecida seja de pouca monta, sendo possível a satisfação do credor sem o desfazimento do negócio". Por certo que isso dependerá da análise de cada caso concreto, seguindo, inclusive, as diretrizes firmadas pelos tribunais superiores.

O que deve ser levado em conta na aplicabilidade da teoria em voga é o interesse útil do credor, o qual acaba sendo atendido, porque, mesmo que o devedor não realize "integralmente a prestação devida, porém o faz em termos qualitativos e quantitativos, em tal grau que permite reconhecer objetivamente a satisfação do interesse do credor" (Miragem, 2021, p. 321)[14].

Da mesma forma, o devedor também se vê livre de aumentar ainda mais os ônus relativos ao seu atraso. Por fim, o objetivo maior acerca da aplicabilidade do cumprimento substancial é o de preservar a obrigação e os direitos e deveres inerentes, evitando-se o desfazimento e a rescisão.

— 3.7.4 —
Inadimplemento antecipado

No caso de inadimplemento antecipado, há indícios de que o descumprimento acontecerá antes mesmo do termo ou prazo

---

4   Nesse sentido, indicamos o vídeo AGU Explica – *Adimplemento Substancial*, disponível em <https://www.youtube.com/watch?v=-P1WG7k7Bew> (AGU, 2022a).

ajustado entre as partes, em razão de sinais que são dados por algum dos sujeitos no sentido de que deixará de cumprir com o avençado.

Assim, em momento anterior àquele em que se torna exigível a obrigação, atitudes do devedor, por exemplo, deixam claro que não cumprirá com o avençado. Age de modo contrário ao pactuado, rompendo com a confiança com relação ao adimplemento. De acordo com Miragem (2021, p. 283), esse cenário ocorre quando o devedor: "(a) se encontre impedido de realizá-la nos termos ajustados; (b) se manifeste, expressamente, informando que não vai cumprir; ou (c) por seu comportamento, permita ao credor concluir, objetivamente, que ele não irá realizar o adimplemento".

Vejamos um caso emblemático nesse sentido que, mesmo datado da década de 1980, serve bem para ilustrar a situação ora em análise, uma vez que se trata de um contrato em conta de participação no qual os sócios participantes tentaram se desobrigar do pagamento das quotas relativas a um empreendimento, haja vista que o responsável pela execução não havia adotado qualquer providência nesse sentido:

> Contrato de participação, assegurando benefícios vinculados à construção de hospital, com compromisso de completa e gratuita assistência médico-hospitalar. O Centro médico hospitalar de Porto Alegre Ltda. não tomou a mínima providência para construir o prometido hospital, e as promessas

ficaram no plano das miragens; assim, ofende todos os princípios de comutatividade contratual pretender que os subscritores de quotas estejam adstritos à integralização de tais quotas, sob pena de protesto dos títulos. Procedência da ação de rescisão de contratos em conta de participação – TJRS, Apelação cível 582000378, 1ª Câmara Cível, Rel. Des. Athos Gusmão Carneiro, j. 8-2-1983. (Miragem, 2021, p. 299)

Ocorrendo essa possibilidade, o credor terá como buscar uma indenização correspondente aos prejuízos sofridos ou invocar a resolução do contrato por inadimplemento.

— 3.8 —
Consequências do inadimplemento

Por certo que o inadimplemento traz consigo uma série de consequências jurídicas àquele que resta descumpridor e ao que tem em suas mãos a possibilidade de realizar uma cobrança de maneira coercitiva, com o acréscimo de eventuais prejuízos contabilizados.

Uma vez que o objetivo principal de uma obrigação é o adimplemento, configurado pela entrega da prestação e pela realização do objeto da relação obrigacional, ocorrendo o inadimplemento, é preciso que sejam analisadas algumas dessas referidas consequências, como juros, atualização, cláusula penal, entre outras tratados a seguir.

— 3.8.1 —
Juros e atualização monetária

Os juros têm aplicabilidade tanto em situações de inadimplemento absoluto quanto relativo, o que se extrai da leitura dos arts. 389 e 395 do Código Civil, respectivamente.

Compreende-se *juros* como uma forma de acréscimo, de incremento, ou, ainda, de remuneração (rendimento) de um capital (Nader, 2019).

Há duas espécies de juros: (1) moratórios e (2) compensatórios, razão pela qual são denominados *juros legais*. Para diferenciá-los, Tepedino e Schreiber (2021, p. 347, grifo do original) esclarecem:

> Distinguem-se os juros em (a) compensatórios e (b) moratórios. Juros compensatórios são os que se limitam a compensar a privação do capital pelo seu titular. Juros moratórios são os que representam a indenização pelo retardamento no pagamento da dívida. Embora sejam tratados como espécies de um gênero unitário, juros compensatórios e moratórios diferenciam-se não apenas em sua disciplina legal, mas também em sua função, de tal modo que melhor seria apartá-los **ontologicamente, a fim de evitar confusões que decorrem de se estender a uma espécie construções erigidas em relação à outra espécie. No estudo do inadimplemento em geral, a análise limita-se aos juros de mora. Os juros de mora são devidos em caso de inadimplemento relativo (mora). Trata-se de verba acessória que se agrega** *por força de lei* **à prestação principal, como sanção pelo descumprimento de uma obrigação.**

Na mesma linha, Tartuce (2021b, p. 260, grifo do original) explicam, assim, as duas espécies:

> a) *Juros compensatórios ou remuneratórios* – São aqueles que decorrem de uma utilização consentida do capital alheio, como nos casos de inadimplemento total da obrigação ou de financiamentos em geral. Lembre-se aqui a regra do art. 591 do Código Civil atual, pelo qual se o mútuo tiver fins econômicos, os juros presumir-se-ão devidos, mas não poderão exceder à taxa legal prevista no art. 406 da mesma codificação (juros no mútuo oneroso ou feneratício).
>
> b) *Juros moratórios* – Constituem um ressarcimento imputado ao devedor pelo descumprimento parcial da obrigação. Como regra geral, os juros moratórios são devidos desde a constituição em mora e independem da alegação e prova do prejuízo suportado (art. 407 do CC).

Concluímos, portanto, que os juros compensatórios têm natureza de remuneração de certo capital (disso resulta a expressão também utilizada para se referir a eles como *juros remuneratórios*) e os juros de mora deflagram objetivo de reparação, já que têm o condão de tentar reestabelecer eventuais prejuízos pelo inadimplemento. Por essa razão, os juros moratórios assumem função de indenizar a vítima pelo descumprimento, revelando uma função punitiva, já que o direito, além de punir aquele que não cumpre com a obrigação assumida, também veda o enriquecimento sem causa.

A taxa (porcentagem) a ser atribuída aos juros moratórios pode ser objeto de ajuste entre as partes ou ter por parâmetro a indicação legal (juros legais), conforme dispõe o art. 406 do Código Civil, cujo teor remete à taxa que estiver em vigor aplicável aos impostos devidos à Fazenda Nacional.

Ainda com relação aos juros moratórios, trazemos à baila o Decreto n. 22.626, de 7 de abril de 1933 (Lei de Usura), cujo estudo deve ser feito em consonância com o art. 161, parágrafo 1º, da Lei n. 5.172, de 25 de outubro de 1966, o Código Tributário Nacional (CTN), já que tratam da matéria relacionada à limitação de taxa de juros no Brasil, sobretudo, para relações privadas, estipulando o patamar de 12% ao ano, ou seja, 1% ao mês (Brasil, 1933; 1966). Esse limite tem sido adotado na maioria dos julgamentos em que se discute taxa de juros moratórios em casos de descumprimentos de obrigações.

No que tange à incidência, a regra que impera é de que o termo inicial dos juros seja a partir do momento em que deveria ser cumprida a obrigação, desde que devidamente certa e líquida. Caso não exista termo fixado previamente, aplica-se o art. 397, parágrafo único, do Código Civil, sendo considerada como termo inicial a eventual interpelação judicial ou extrajudicial promovida para fins de constituição em mora do devedor.

Se a obrigação em voga for ilíquida, a mora somente ocorrerá, assim como o termo inicial dos juros, com a citação válida do devedor, conforme o art. 240 do Código de Processo Civil, Lei n. 13.105, de 16 de março de 2015 (Brasil, 2015).

Com relação à chamada *atualização monetária*, ela é a necessária correção de valores, justamente em razão de eventual perda. Ela incide para fins de uma reparação integral, uma vez que "o princípio é que a indenização a ser paga pelo inadimplente recomponha o patrimônio do credor que suporta o inadimplemento" (Miragem, 2021, p. 302).

Na aplicação da atualização (ou correção) monetária, deve ser definido o índice, sendo, inclusive, matéria de ordem pública. Existem inúmeros índices oficiais que podem ser convencionados pelas partes ou fixados por meio de uma decisão judicial.

Os índices utilizados tomam por base indicadores de mercado, a exemplo do Índice Nacional de Preços ao Consumidor (INPC), Índice Geral de Preços (IGP-DI), Índice de Preços ao Consumidor Amplo (IPCA), entre outros. Um dos principais órgãos que servem de fonte para verificação dos respectivos valores desses índices é o Instituto Brasileiro de Geografia e Estatística (IBGE), responsável por divulgar os índices de inflação (ou de preços) no Brasil, a exemplo do IPCA e do INPC, os quais são adotados como padrão de atualização em diversos contratos e obrigações.

— 3.8.2 —
Perdas e danos

Configurado o inadimplemento, independentemente de ser o absoluto ou relativo, da mesma forma que a despeito de derivar de ato do credor ou do devedor, resta a possibilidade de se apurar as perdas e danos por parte daquele que restou prejudicado pelo não adimplemento. Em outras palavras, haverá o ônus de restituir aquilo que foi perdido ou reparar o dano sofrido por quem descumpriu com o que havia se comprometido.

De acordo com Miragem (2021, p. 306), os valores a serem apurados em razão do inadimplemento "remetem à noção de dano, compreendendo a lesão ao patrimônio ou à pessoa do credor. A noção de patrimônio aqui se toma, em sentido amplo, como conjunto de bens e direitos de que seja titular a pessoa. É lesão a interesses juridicamente protegidos".

Já Caio Mário da Silva Pereira (2020, p. 319) assim ensina:

> No Direito das Obrigações, o dano corresponde a um prejuízo sofrido por uma das partes em razão de inadimplemento total, parcial ou de mora pela outra parte (credora ou devedora), cabendo a esta, enquanto agente do dano, suportar o ônus respectivo, uma vez que descumpriu um prévio dever específico da relação, o qual pode ser não só aquele relacionado à prestação principal, como também um anexo, decorrente da boa-fé objetiva.

Ressaltamos que, na hipótese de ocorrer o descumprimento da obrigação, sempre haverá a possibilidade de se pleitear judicialmente o respectivo adimplemento (cumprimento forçado). Todavia, quando o cumprimento já não atinge mais seu objetivo ou se mostra impossível de ser realizado, a indenização exsurge como uma espécie de substituição da prestação, dessa vez por valores concretos, quantificáveis pecuniariamente, os quais terão o papel de recompensar aquele que restou prejudicado pelo descumprimento. Essa é a razão pela qual a noção de perdas e danos está associada à de reparar (repor, recompensar).

Sobre a exigibilidade da obrigação, Bruno Miragem (2021, p. 275) leciona:

> A exigibilidade da prestação é efeito do vínculo jurídico que resulta da relação obrigacional. A obrigação, de sua vez, se constitui por diferentes formas, de modo que se possa falar do vínculo que resulte do contrato, da própria lei, ou de quaisquer outras fontes das obrigações. Quem deixa de realizar o dever de prestação, nos termos em que delimitado como objeto da obrigação, dá causa ao inadimplemento e fica sujeito aos seus efeitos. Tais efeitos podem decorrer da própria lei, ou da vontade das partes, que previamente os ajustam, tendo em vista a tutela dos interesses do credor (tais como a reparação das perdas e danos que decorram do inadimplemento), ou mesmo como estímulo ao cumprimento da prestação pelo devedor.

O dever de indenizar, portanto, implica a verificação do chamado *nexo causal*, ou *liame causal*, a necessária ligação entre o descumprimento e os prejuízos derivados dele, uma vez que a reparação não se destina apenas em reestabelecer o patrimônio daquele que sofreu prejuízo, retomando seu *status quo ante*, mas também possibilita que sejam atendidas as condições que se pretendiam fossem alcançadas caso a obrigação tivesse sido cumprida (Nader, 2019).

A responsabilização do inadimplente no que diz respeito às perdas e danos pressupõe o descumprimento tanto dos chamados *deveres principais* quanto dos *acessórios* da obrigação. Além disso, é preciso que o inadimplemento seja atribuído àquele que caberia cumprir o liame; por fim, do cenário de descumprimento, é necessário que resultem prejuízos (Miragem, 2021). Esses são os pressupostos da reparação de danos.

Em termos patrimoniais, as perdas e danos podem ser subdivididos em danos emergentes e lucros cessantes, o que se extrai de simples leitura do art. 402 do Código Civil, cujo texto assim prevê: "Salvo as exceções expressamente previstas em lei, as perdas e danos devidas ao credor abrangem, além do que ele efetivamente perdeu, o que razoavelmente deixou de lucrar" (Brasil, 2002).

Nos chamados *danos emergentes*, o que se tem é uma redução imediata do patrimônio da vítima (o que efetivamente perdeu), causada pelo inadimplemento da obrigação.

Nos chamados *lucros cessantes*, temos tudo aquilo que a vítima deixou de ganhar em decorrência do descumprimento da obrigação, ou seja, tudo o que deveria obter, mas que não conseguiu em razão do inadimplemento.

Além disso, também podem ser incluídos, em termos de perdas e danos, os chamados *danos morais*, quando bens de ordem moral do credor também são afetados, como a liberdade, a honra, a integridade (psíquica ou física), a imagem, a privacidade e a intimidade.

Vejamos o exemplo, julgado pelo Tribunal de Justiça do Paraná, do Recurso Inominado n. 45620-74.2020.8.16.0014, Relatora Juíza Camila Henning Salmoria, no qual houve a verificação de danos morais pelo descumprimento de obrigação como a seguir colacionado (ementa):

> RECURSO INOMINADO. SERVIÇO DE FOTOGRAFIA E FILMAGEM DE CASAMENTO. FALHA NO HD. PERDA COMPLETA DAS IMAGENS ANTES DA ENTREGA AOS CONTRATANTES. SERVIÇO NÃO PRESTADO. DEVIDA RESTITUIÇÃO INTEGRAL DO PREÇO. INCIDÊNCIA DE CLÁUSULA PENAL POR INADIMPLEMENTO. ABUSIVIDADE NÃO DEMONSTRADA. ABALO MORAL CARACTERIZADO. QUEBRA DA EXPECTATIVA DE REGISTRO DE MOMENTO SIGNIFICATIVO. DEFEITO NO EQUIPAMENTO DO FOTOGRAFO. FORTUITO INTERNO. RESPONSABILIDADE VERIFICADA. SENTENÇA MANTIDA POR SEUS FUNDAMENTOS. RECURSO DO RÉU NÃO PROVIDO. (Paraná, 2021d)

Por isso, as perdas e danos vertem em reparação de prejuízos tanto de natureza material quanto moral.

— 3.9 —
Cláusula penal: natureza, função e limites

Ainda no que diz respeito ao cumprimento das obrigações, destacamos a existência da chamada *cláusula penal*, cujo tratamento legal encontra-se nos arts. 408 a 416 do Código Civil.

Por regra, a mencionada cláusula tem natureza convencional, ou seja, resulta de ajuste entre as partes, sendo acrescida no momento da assunção da obrigação ou posteriormente. Também pode incidir em caso de inadimplemento total, parcial (mora) ou em alguma questão específica, como expõe o art. 409 do Código Civil ao fazer menção à denominada *cláusula especial* (resultado de inserção pelas partes).

A cláusula penal também é amplamente conhecida pela expressão *multa*, pois, como explica Nader (2019, p. 498), além de "atuar como fórmula de ressarcimento, eleita antecipadamente pelas partes, atua com efeito intimidativo, desestimulando o ilícito contratual".

Sua natureza jurídica é de obrigação acessória, já que está diretamente ligada à obrigação principal e a seu descumprimento. Isso significa dizer que sua validade, existência e exigência dependem da obrigação principal, haja vista, sobretudo, sua função de estimular o adimplemento (caráter coercitivo), assim como prever um valor (estimativa) que será pago pelo inadimplente com relação aos danos em caso de descumprimento (punição). De acordo com Pereira (2020, p. 136):

A cláusula penal ou pena convencional – *stipulatio penae* dos romanos – é uma cláusula acessória, em que se impõe sanção econômica, em dinheiro ou outro bem pecuniariamente estimável, contra a parte infringente de uma obrigação. Pode ser avençada conjuntamente com a obrigação principal, e normalmente o é, ou em apartado (Código Civil de 2002, art. 409), e constitui uma das mais importantes modalidades de promessa condicionada.

Uma das discussões mais atuais acerca da cláusula penal diz respeito aos eventuais limites que podem ser aplicados, tendo em vista o próprio texto do art. 412 do Código Civil no sentido de que o montante da cláusula penal não pode exceder o da obrigação principal.

Da mesma forma, o art. 413 do mesmo código civilista estabelece a possibilidade de redução da multa, o que ocorre, de regra, por decisão judicial, mormente nas situações em que a obrigação principal tiver sido cumprida parcialmente, ou se o montante da penalidade for manifestamente excessivo.

Capítulo 4

*Garantias das obrigações
e atos unilaterais*

Quando tratamos de garantia atrelada ao estudo das obrigações, temos, necessariamente, a noção de *reforço*, ou seja, de previsão acerca de um complemento destinado ao adimplemento da obrigação. Essas garantias podem ser analisadas de maneira ampla (geral) ou mais restrita (especial), de acordo com suas características e natureza.

No primeiro caso, a garantia se associa diretamente à própria eficácia da relação obrigacional. Com esse tipo de garantia, torna-se possível atingir o patrimônio do devedor de modo a compelir a realização da prestação; já, no segundo caso, como o próprio nome diz, estão as garantias ditas especiais, haja vista a possibilidade de destaque de patrimônio (do próprio devedor ou de terceiros) com o fito de satisfazer a obrigação ou fazer frente ao inadimplemento (Miragem, 2021).

Desse modo, Miragem (2021, p. 352) esclarece:

> A garantia da obrigação é constituída como espécie de relação jurídica obrigacional, geralmente de caráter acessório a uma **obrigação principal**, tendo parte de sua eficácia subordinada a uma condição suspensiva, que é o inadimplemento do devedor. Ou seja, será exigível a prestação que caracteriza a garantia, apenas na hipótese de o devedor ser inadimplente, total ou parcialmente.

Algumas espécies dessas garantias serão analisadas a seguir.

— 4.1 —
Arras

Arras significa compromisso. Por essa razão, está associado às obrigações e revela-se como uma forma de garantia relacionada ao cumprimento de uma obrigação. Nas palavras de Miragem (2021, p. 346), trata-se de uma prestação:

> consistente na quantia em dinheiro ou outra coisa, entregue por uma das partes a outra, no momento da constituição da obrigação, ou mesmo depois, com o propósito de demonstrar seu compromisso no cumprimento da obrigação assumida, ou ainda como antecipação de indenização, no caso de arrependimento em relação ao negócio.

O estudo mais aprofundado do tema exige a leitura do Capítulo VI do Título IV do Código Civil – Lei n. 10.406, de 10 de janeiro de 2002 (Brasil, 2002) –, mais especificamente dos arts. 417 a 420, os quais tratam das características e dos efeitos das arras.

Muito se questiona acerca do uso, também, da palavra *sinal* para se referir ao mesmo instituto. O fato é que ambas as palavras são aplicadas como sinônimas, já que a própria lei assim indica. Trata-se, como já destacado anteriormente, de previsão utilizada como forma de garantia ao adimplemento da obrigação e, de regra, em obrigações de origem contratual, como a compra e venda.

Em que pese a lei fazer menção ao momento da conclusão do contrato para fins de previsão da arras, sua verificação pode acontecer também em momento anterior, quando, por exemplo, assume-se a obrigação ou firma-se o pacto.

Quando a coisa ou quantia é entregue no momento da celebração do pacto e no mesmo gênero da obrigação, as arras são consideradas como início de pagamento, assumindo, nesse caso, o papel de sinal do negócio.

Logo, podemos concluir, com base em Miragem (2021, p. 347), que:

> As arras ou sinal são espécie de negócio jurídico real, que se qualificam como acessório à obrigação, de modo que só se pode reputar como existente se houver efetiva entrega do dinheiro ou coisa de um contratante a outro. Se houver simples promessa de entrega, o compromisso será válido, porém não se poderá qualificá-lo como arras. Da mesma forma, se houver o cumprimento da obrigação, o que for prestado a título de arras será necessariamente computado na prestação devida, razão pela qual se afirma tratar-se de parcela, princípio ou antecipação de parte da prestação, se do mesmo gênero. Tratando-se de coisas distintas as que se prestam como arras e após, como prestação principal, nada impede que as arras sejam restituídas. Assim, por exemplo, se as arras são prestadas em dinheiro, assim como deverá sê-lo a prestação principal, ao cumprir-se esta, deverá computar-se o que já foi prestado anteriormente, de modo a compor o respectivo valor a ser pago. Por outro

lado, se alguém entrega coisa a título de arras, e a prestação principal é de natureza pecuniária, ao realizar o cumprimento, aquele que recebeu as arras deverá restituí-las.

A Figura 4.1, criada pelo Tribunal de Justiça do Distrito Federal, resume o instituto ora estudado:

Figura 4.1 – Definição de arras

ARRAS OU SINAL:
FUNCIONA COMO FIRMEZA DO NEGÓCIO OU GARANTIA DE QUE O CONTRATO SERÁ CUMPRIDO.
EX: DINHEIRO OU BENS MÓVEIS.

#DIREITOFACIL TJDFT

Fonte: Distrito Federal, 2015.

Arras, portanto, é prestação em dinheiro ou coisa (bem) que uma parte entrega à outra com o objetivo de ressaltar a plena realização do compromisso assumido, podendo, igualmente, assumir o papel de eventual indenização caso a obrigação não venha a ser cumprida (Miragem, 2021).

As arras têm a prerrogativa de "firmar a presunção de acordo final, tornando obrigatório o ajuste, e, também, embora mais raramente, assegurar, para cada um dos contratantes, o direito de arrependimento" (Rizzardo, 2018, p. 539).

As arras também são consideradas como uma antecipação de pagamento. Nesse caso, podem ser abatidas do montante geral da prestação devida.

A seguir, analisaremos as espécies de arras conhecidas como confirmatórias e penitenciais.

— 4.1.1 —
Espécies de arras

De acordo com o teor dos arts. 417 a 420 do Código Civil, existem algumas modalidades, ou espécies, de arras, com características que lhes são inerentes.

O art. 418 do Código Civil traz a previsão das arras **confirmatórias**, assim explicadas por Pereira (2020, p. 340):

> O seu efeito é previsto no artigo, para as hipóteses de inexecução da parte de quem as deu, como daquele que as recebeu. Se o que deu o sinal causar voluntariamente a não realização do contrato, ensejará à outra parte considerá-lo resolvido, retendo-o. Vale dizer, o inadimplente perde-o em favor do contratante inocente Reversamente, se a inexecução for de quem recebeu as arras, cabe ao outro contratante a

faculdade de considerar o contrato por desfeito, sujeitando-se o que as recebeu à devolução em dobro, isto é, restituição do que recebeu, mais outro tanto.

Nas palavras de Miragem (2021, p. 347):

> Nesse sentido, uma vez prestadas as arras por uma das partes, se a prestação principal vier a ser realizada, o que já se entregou será computado como parte do pagamento, se for em coisas do mesmo gênero (prestações em dinheiro, por exemplo). Todavia, no caso de inadimplemento, duas situações são possíveis: (a) se quem deixou de cumprir foi a parte que prestou as arras, a outra poderá ter a obrigação como resolvida, hipótese em que o inadimplente perderá o que prestou em favor daquele que sofreu o inadimplemento; (b) se, ao contrário, quem deixou de cumprir foi aquele que recebeu as arras, quem as prestou poderá resolver o contrato, exigindo a devolução do que foi pago, mais o equivalente (repetição em dobro), acrescidos de atualização monetária, juros e honorários de advogado (art. 418 do Código Civil).

Já o art. 420 do Código Civil trata das arras **penitenciais**, nas quais há a possibilidade de arrependimento pelas partes em relação ao negócio. Com isso, as arras (ou sinal) têm função indenizatória e assumem natureza de penalidade. Como explica Rizzardo (2018, p. 541):

classificam-se como penitenciais as arras quando, por expressa convenção das partes, ficam as mesmas com o direito de arrependimento. Possuem o caráter de pena pela decisão de desistência, e aquele que recebeu o valor terá que proceder a devolução, mais o equivalente, ou outra vez a quantia, e, naturalmente, o que resultar da correção monetária, se de sua iniciativa foi a resolução; perdê-las-á aquele que as deu, se a desistência foi sua.

O texto do art. 420 do Código Civil assim disciplina:

> Art. 420. Se no contrato for estipulado o direito de arrependimento para qualquer das partes, as arras ou sinal terão função unicamente indenizatória". Significa dizer que "quem as deu perdê-las-á em benefício da outra parte; e quem as recebeu devolvê-las-á, mais o equivalente. (Brasil, 2002)

— 4.2 —

Fiança

A fiança é uma garantia acessória na qual exsurge a figura do fiador, um terceiro que assegura a realização da obrigação no lugar do devedor principal caso esse não cumpra com o avençado. O vínculo estabelecido, no caso da fiança, forma-se entre o devedor principal e o fiador. Essa relação tem por objetivo, portanto, garantir o negócio principal entre credor e devedor.

Na legislação, o art. 818 do Código Civil estabelece que, por meio da fiança, determinada pessoa garante satisfazer ao credor uma obrigação assumida pelo devedor original.

Na análise da fiança, torna-se relevante o estudo de seus efeitos, sobretudo no que se refere à sua exigibilidade, ou seja, quando ela realmente é acionada em razão do descumprimento da obrigação principal.

Pela regra legal, o fiador pode valer-se da prerrogativa de que, em primeiro lugar, sejam perseguidos os bens do devedor original para, só no caso de inexistir suporte suficiente, sejam atacados os bens (patrimônio) do fiador. Tal possibilidade se verifica em decorrência do chamado *benefício de ordem* ou preferência, o que se encontra previsto no art. 827 do Código Civil.

Entretanto, na maciça prática contratual, é de praxe que conste previsão de renúncia desse benefício, o que, inclusive, é amplamente permitido pelo art. 828 do Código Civil, em seu inciso I (renúncia expressa).

Também não cabe o benefício de ordem caso o fiador tenha se obrigado na qualidade de principal pagador, assumindo, nessa hipótese, o papel de devedor solidário, assim como caso ocorra a insolvência ou falência do devedor principal. Essas possibilidades encontram-se igualmente previstas nos incisos do art. 828 do Código Civil.

— 4.3 —
Aval

Se, na fiança, temos uma garantia com natureza tipicamente contratual, no aval, temos um negócio jurídico unilateral, cuja finalidade é a de garantir uma obrigação. Nesse caso, o avalista garante o pagamento em favor do devedor principal.

Assim, é possível concluir que a fiança tem seu espaço de verificação no campo contratual, já o aval, nos chamados *títulos de crédito*, outra importante fonte de obrigações prevista no direito brasileiro.

Uma das principais características do aval é a independência, ou autonomia, em relação à obrigação a qual está atrelado. Isso porque o aval persistirá mesmo que a relação principal seja anulada, bem como é permitido ao credor realizar todas as providencias necessárias para fins de satisfazer seu interesse, independentemente de eventuais questionamentos quanto à obrigação principal (Miragem, 2021).

— 4.4 —
Garantias reais

Nas denominadas *garantias reais*, o devedor indica um patrimônio ou determinado bem que são dados em segurança à satisfação da obrigação.

As formas mais comuns são: penhor, hipoteca e anticrese. Tais espécies de garantias reais precisam atender aos requisitos do art. 1.424 do Código Civil, quais sejam, expor de maneira clara o valor do crédito, indicar o prazo para pagamento, deixar evidente qual taxa de juros será aplicada e, por fim, as especificações (de forma detalhada e individualizada) do bem dado em garantia.

No caso do penhor, tem-se a transferência de uma coisa móvel pelo devedor em favor do credor. Esse bem móvel é a garantia de cumprimento da obrigação. Nesse caso, é preciso que ocorra a entrega da posse do bem ao credor, exceto se forem bens de natureza rural, industrial, mercantil, ou veículos, pois estes continuam com o devedor, que assume o dever de guardar e conservar até que eventualmente sejam reivindicados pelo credor (Zaparoli, 2013).

A extinção do penhor ocorre com o pagamento da dívida na qual foi utilizada a garantia. Todavia, também podem ocorrer as hipóteses prevista no art. 1.436 do Código Civil, das quais se destacam a extinção da obrigação principal, o perecimento da coisa e a renúncia do credor.

Com relação à hipoteca, a garantia recai sobre bens imóveis. Para que ela se perfectibilize, é preciso o respectivo registro em matrícula.

Um mesmo bem pode ser objeto de diferentes hipotecas, prevalecendo a ordem de prioridade, conforme o registro realizado (seguindo o critério da antecedência), em observância ao art. 1.493 do Código Civil.

Igualmente ao penhor, a hipoteca também finda pela extinção da obrigação principal, assim como pelo perecimento do bem, pela renúncia do credor, pela remição, entre outros.

Por fim, no que tange à anticrese, podemos apontá-la como hipótese pouco usual atualmente, razão pela qual seu estudo é bastante limitado. Trata-se de garantia atrelada aos frutos e rendimentos de determinado bem imóvel, os quais tem o condão de compensar a dívida em caso de descumprimento, o que se encontra regulado no art. 1.506 do Código Civil.

— 4.5 —
Garantias fiduciárias

Na garantia fiduciária, o credor passa a ter o domínio de um determinado bem ou objeto dado em garantia pelo devedor. Nessa modalidade, no entanto, o devedor continua na posse do bem. Disso advém, inclusive, a expressão fidúcia (fiduciária), pois se baseia na confiança que é lançada em tal operação.

Quando se trata dessa espécie de garantia, é possível identificar dois tipos mais comuns: (1) a alienação fiduciária e (2) a cessão fiduciária de direitos.

Miragem (2021, p. 541) esclarece que, na **alienação fiduciária**, o "devedor terá a posse direta do bem, como representação de prerrogativas inerentes à propriedade – uso e fruição. Não terá apenas o poder de disposição, o qual adquire, mediante consolidação da propriedade, com a satisfação integral da dívida".

Ainda nessa modalidade, é necessário que sejam indicados o valor total da dívida, o prazo para cumprimento sob pena de exigência da garantia, ou a época do pagamento, bem como a taxa de juros e a descrição detalhada do objeto que será objeto da garantia. Tal descrição deve conter os elementos indispensáveis à sua identificação, como prevê o art. 1.362, inciso IV, do Código Civil.

Apenas como nota informativa, cumpre destacar que, além do Código Civil, a alienação fiduciária é regulada no Brasil pela Lei n. 9.514, de 20 de novembro de 1997, que dispõe sobre o sistema de financiamento imobiliário, institui a alienação fiduciária de coisa imóvel e outras providências (Brasil, 1997).

Na **cessão fiduciária** de direitos, o que ocorre, por sua vez, é a transferência de créditos que porventura o devedor possua, fazendo-o em favor do credor, ou seja:

> Trata-se a cessão fiduciária em garantia de espécie de negócio fiduciário que se prefere dizer cessão, por se tratar da transferência fiduciária de créditos do devedor, visando a garantir operações de concessão de crédito ao credor originário. Trata-se de negócio normalmente celebrado no âmbito bancário, embora a ele não se restrinja. Admite-se, como regra, que qualquer direito disponível pode ser objeto de cessão fiduciária em garantia. (Miragem, 2021, p. 387)

Os requisitos a serem observados são, em geral, os mesmos da alienação, ou seja, o total da dívida (ou sua estimativa), o local, a data e a forma de pagamento (cumprimento da obrigação), a taxa de juros e a identificação dos direitos creditórios que serão objeto da cessão fiduciária.

Ao credor fiduciário são reconhecidos os direitos de conservar e recuperar a posse dos títulos representativos dos créditos cedidos; de promover a intimação dos devedores que porventura não paguem; e de usar de ações, recursos e execuções, judiciais e/ou extrajudiciais, para receber os créditos cedidos fiduciariamente.

— 4.6 —
Atos unilaterais

Determinadas obrigações podem ter por base apenas atos unilaterais. Mesmo que não exista o envolvimento de duas ou mais partes, esses atos também geram efeitos, sobretudo no que tange ao dever de cumprimento sob a ótica da obrigação assumida.

Alguns exemplos clássicos são a recompensa, o pagamento indevido e o enriquecimento sem causa, cujas principais características serão analisadas a seguir.

— 4.6.1 —
Recompensa

A previsão legal da recompensa está nos arts. 854 a 860 do Código Civil. Ela tem por principal características manifestar uma promessa pública de recompensa ou gratificação que será entregue a alguém, desde que esse alguém desempenhe certo serviço, preencha determinada condição ou realize um ato específico (conforme indicação prévia).

De acordo com Arnaldo Rizzardo (2018, p. 545), para que exista a previsão da recompensa como ato unilateral gerador de uma obrigação:

> a) deve haver um ato de alguém expondo por meio de anúncio público uma exteriorização da vontade; b) essa manifestação da vontade se comunicará através da publicidade, que se efetiva pelos modos comuns existentes, e, assim, pela imprensa, pelo rádio, pela televisão, por anúncios afixados, por cartazes, por folhetins, pela transmissão de alto-falante, ou até pela voz. É importante que se dê a divulgação; c) a capacidade de quem faz a promessa, de modo a poder exercitar seus direitos e assumir obrigações; d) a licitude da promessa, isto é, que seja permitida pelo ordenamento legal, sendo inviável, pois, que consista em um objeto proibido ou ilegal, como a entrega de substância tóxica, ou de uma mercadoria que, para o uso, há restrições da lei; e) que a condição ou o serviço também revele licitude e venha permitida pelo direito positivo, não se autorizando a promessa de recompensa para quem consiga um objeto ilícito, ou o fornecimento de mercadoria cuja venda dependa de autorização oficial.

A promessa de recompensa, como se extrai do próprio texto legal, destina-se a várias pessoas, de modo indeterminado, isso em razão de sua publicidade. Todavia, não há impedimento algum para que ela seja destinada a determinada pessoa, mais especificamente.

As obrigações que derivam da recompensa se destinam e podem ser cumpridas por aquele que se propõe a receber a gratificação (recompensa) ou que aceita cumprir a promessa.

Ainda, aquele que fizer o serviço, ou satisfizer a condição, mesmo que não sabedor da promessa, pode exigir a recompensa estipulada. Se o ato for realizado por mais de um indivíduo, terá direito à recompensa o que primeiro o executou. Se a execução for simultânea, a cada um caberá parte igual da recompensa.

— 4.6.2 —
Pagamento indevido

O pagamento indevido está previsto nos arts. 876 a 883 do Código Civil. Sua principal característica é gerar a obrigação do recebedor de restituir o que recebeu indevidamente. Da mesma forma, aquele que voluntariamente pagou de modo indevido, caso consiga provar ter agido por erro, terá direito à restituição.

A restituição deriva justamente da realização de um pagamento que não era devido, seja pela completa ausência de uma causa que lhe desse substrato, seja pela sua realização em completo equívoco (de fato ou de direito). O pagamento indevido também pode derivar de uma obrigação que foi desconstituída ou já satisfeita ou, ainda, da hipótese de uma obrigação condicional, "a qual é cumprida antes de se operar a condição, ou prazo, ou termo, ou encargo" (Rizzardo, 2018, p. 560).

Em suma, como defende Rizzardo (2018, p. 559):

De acordo com o sentido jurídico, o pagamento indevido constitui um pagamento sem causa que se faz a alguém, trazendo-lhe uma vantagem ou o enriquecimento, empobrecendo ou prejudicando, em contrapartida, aquele que paga. É o pagamento que se efetua na suposição errônea de que se está devendo, ou da existência de uma obrigação pendente de solução. Alguém, por equívoco, faz um pagamento, verificando, depois, que a prestação não existia, ou que já se encontrava paga, ou que não atingia a cifra exigida. Paga o devedor porque pensava que devia, ou supunha que a dívida era a reclamada pelo credor. Posteriormente, verifica que não atingia os patamares impostos, que os juros foram extorsivos, que a cláusula penal estava repetida, que os encargos vinham contaminados de nulidade, que os índices de atualização eram superiores à inflação verificada. Várias as faces que revelam o pagamento indevido, ou excessivo, ou injusto, ou ilegal, ou já extinto.

O pagamento indevido ainda pode estar relacionado com a entrega de bens em geral e/ou quantias monetárias, assim como o cumprimento de obrigações de fazer ou não fazer, tudo conforme prevê o art. 881 do Código Civil.

Em algumas situações, pode ocorrer o afastamento da restituição, mesmo havendo o pagamento indevido. É o que acontece, por exemplo, quando se paga dívida prescrita; ou no caso de se tratar de uma obrigação judicialmente inexigível; ou se a coisa, objeto do pagamento, foi dada para fins ilícito, imoral, ou proibido por lei, tal como determinam os arts. 882 e 883 do Código Civil.

— 4.6.3 —
Enriquecimento sem causa

Com base no art. 884 do Código Civil, aquele que se enriquecer sem justa causa e à custa de outro tem o dever de restituir o que auferiu indevidamente.

Isso porque "o enriquecimento sem causa tem lugar em face de um acréscimo ao patrimônio de alguém sem que haja causa jurídica para esta aquisição" (Miragem, 2021, p. 55). Em outras palavras, sem que exista fundamento legal capaz de validar tal incremento, podendo derivar de um ato de um terceiro (que age em favor do beneficiado) ou do próprio sujeito que enriquece indevidamente.

Rizzardo (2018, p. 571) define *enriquecimento sem causa* como "a vantagem patrimonial obtida por alguém às expensas ou à custa de outrem, isto é, sem a devida contraprestação, e ao desamparo de lei ou de negócio jurídico anterior".

O art. 876 do Código Civil prevê que o pagamento indevido, analisado no item anterior, configura enriquecimento sem causa de modo que "aquele que recebeu o que lhe não era devido fica obrigado a restituir" (Brasil, 2002).

Vejamos que a obrigação que deriva do enriquecimento sem causa é a restituição, a qual visa reestabelecer a vítima ao *status quo ante*, removendo do patrimônio daquele que teve acréscimos, o que, na verdade, não lhe era devido.

Capítulo 5

Introdução à teoria geral dos contratos

Neste momento, concluída a análise das obrigações, na qual foram verificadas as principais características, os efeitos, as garantias e as espécies obrigacionais, é fundamental o estudo de uma das principais fontes de obrigações no direito brasileiro: os contratos.

Na introdução ao tema, realizaremos uma abordagem conceitual, partindo dos elementos trazidos tanto pela doutrina quanto pelas previsões legais acerca dos contratos e considerando como marcos referenciais o Código Civil – Lei n. 10.406, de 10 de janeiro de 2002 – e o Código de Defesa do Consumidor – Lei n. 8.078, de 11 de setembro de 1990 (Brasil, 2002; 1990).

Ainda, analisaremos os elementos constitutivos dos contratos, algumas espécies e suas características mais relevantes.

— 5.1 —
Conceito de contrato

Entendemos por *contrato* o negócio jurídico bilateral ou plurilateral cuja principal função é criar, modificar ou extinguir direitos e deveres. Por esse motivo, Tartuce (2021a, p. 2) afirma tratar-se de:

> um ato jurídico em sentido amplo, em que há o elemento norteador da vontade humana que pretende um objetivo de cunho patrimonial (ato jurígeno); constitui um negócio jurídico por

excelência. Para existir o contrato, seu objeto ou conteúdo deve ser lícito, não podendo contrariar o ordenamento jurídico, a boa-fé, a sua função social e econômica e os bons costumes.

Os contratos são considerados uma das principais fontes de obrigações, inclusive, esse é o motivo pelo qual os temas são, de regra, estudados conjuntamente. Afinal, como afirma Rizzardo (2021, p. 5), um contrato nada mais é do que uma "convenção surgida do encontro de duas ou mais vontades, que se obrigam entre si, no sentido de dar, fazer ou não fazer alguma coisa".

Negrão (2020, p. 221) aponta algumas características dos contratos:

> (a) quanto ao número de declarações de vontades e partes envolvidas, os negócios jurídicos são unilaterais, bilaterais ou plurilaterais – estes dois últimos denominam-se contratos; (b) quanto às obrigações que geram os contratos podem obrigar uma só parte ou todas elas, sendo assim chamados, quanto aos efeitos que produzem em relação às partes, unilaterais ou bilaterais.

A seguir, vejamos o tratamento jurídico dado aos contratos no Brasil.

— 5.2 —
Contrato no Código Civil e no Código de Defesa do Consumidor

Qualquer estudo acerca dos contratos, atualmente, revela a necessidade de uma leitura conjunta do Código Civil e do Código de Defesa do Consumidor, já que, em ambos os referenciais normativos, existem previsões importantes acerca do presente instituto. Isso se deve a uma crescente necessidade de ampliar cada vez mais os campos da interpretação e da aplicabilidade das regras atinentes aos contratos.

Nesse sentido, "a aplicação do diálogo das fontes justifica-se no Brasil diante de uma aproximação principiológica entre os dois sistemas legislativos (CDC e CC/2002), principalmente no que se refere à aplicabilidade da boa-fé e da função social também no âmbito dos contratos" (Tartuce, 2021, p. 12).

O Enunciado n. 167 do Conselho de Justiça Federal não deixa dúvidas acerca dessa aproximação de ambos os códigos, ao convalidar esse entendimento, haja vista que, com o advento do Código Civil de 2002, houve forte aproximação principiológica entre esse Código e o Código de Defesa do Consumidor no que respeita à regulação contratual, uma vez que ambos são incorporadores de uma nova teoria geral dos contratos (Brasil, 2004b).

No âmbito do Código Civil, os contratos estão amplamente regulamentados, com a indicação de suas espécies, elementos constitutivos, passando por eventuais vícios e, por fim, prevendo as causas de extinção. Tudo isso é facilmente verificado pela simples leitura dos arts. 421 a 853 do referido codex.

Já no Código de Defesa do Consumidor, encontramos grande influência constitucional. Promulgado pouco depois da Constituição Federal de 1988, identificamos uma nítida preocupação do legislador com a busca pela proteção da parte mais vulnerável da relação jurídica contratual.

A figura que exsurge é a do consumidor, muito em razão do art. 5º, inciso XXXII, da Constituição Federal de 1988[1]. A preocupação na defesa dos direitos do consumidor se verifica não apenas por uma imposição constitucional, mas também diante da crescente e significativa massificação dos negócios realizados em sociedade, o que deu origem aos denominados *contratos de adesão*.

Esse cenário tem por base o aumento vertiginoso das necessidades do homem, o que implicou, por consequência, o aumento dos contratos firmados. O principal problema é que muitos desses contratos passaram a prever cláusulas-padrão, sem atender ou respeitar a fragilidade (hipossuficiência técnica, financeira, jurídica, entre outras) de compreensão e, sobretudo, de execução do contratante. Daí a preocupação do Estado em garantir a defesa do consumidor.

Vejamos que o art. 24 da Constituição Federal de 1988 traz em seu bojo a competência legislativa para fins de responsabilização por dano ao consumidor. Na mesma toada, o art. 170,

---

1 "O Estado promoverá, na forma da lei, a defesa do consumidor" (Brasil, 1988, art. 5º, inciso XXXII).

inciso V, da Constituição Federal determina como um dos princípios gerais da ordem econômica brasileira justamente a defesa do consumidor.

O principal destaque que se faz quanto às previsões legais do Código de Defesa do Consumidor é a positivação de princípios, cuja maioria significativa se aplica aos contratos. Segundo Venosa (2021, p. 31), isso se deve ao fato de que:

> foram trazidos para o bojo da lei, além de instrumentos eficazes em favor do consumidor no tocante à responsabilidade objetiva do fornecedor e possibilidade de inversão do ônus da prova carreada para o fornecedor, princípios de direito contratual que a doutrina tradicional já adotava de há muito, na exegese de proteção do contratante mais fraco. Nesse diapasão, encontramos na letra expressa dessa lei, entre outros, o princípio geral da boa-fé (art. 51, IV), da obrigatoriedade da proposta (art. 51, VIII), da intangibilidade das convenções (art. 51, X, XI e XIII). Ao coibir a vantagem exagerada do fornecedor, o Código de Defesa do Consumidor reaviventa os princípios tradicionais da lesão nos contratos e da excessiva onerosidade (art. 51, § 1º), também reativados pelo atual Código Civil.

Com base no exposto, podemos concluir que a integração interpretativa dos contratos leva a um caminho sem volta: não há mais como permanecer uma aplicação hermética de princípios tradicionais de direito privado. É preciso que prevaleça uma leitura conjunta, mormente diante de inúmeros princípios destacados pela lei consumerista.

— 5.3 —
Princípios gerais dos contratos

A seara de princípios que se aplicam no campo contratual é vasta. Entre eles, no entanto, podemos identificar alguns de maior relevância e que ganharão maior visibilidade em nosso estudo. São eles: função social, boa-fé, autonomia da vontade, força obrigatória, relatividade e equilíbrio contratual.

Esses princípios têm o condão de auxiliar na compreensão e na interpretação dos mais diversos tipos de contratos. É o que veremos a seguir.

— 5.3.1 —
Função social do contrato

A liberdade de contratar, de maneira ampla e irrestrita, ganhou novos contornos a partir da inserção principiológica da função social no ordenamento jurídico brasileiro, derivada do processo de constitucionalização do direito privado. Isso porque, invariavelmente, os negócios jurídicos passaram a observar certo grau de limitação.

Por certo que do ponto de vista do direito privado ainda se mostra relevante a vontade das partes e seus próprios interesses para fins de formação e perfectibilização de contratos. Ocorre que, diante da função social dos contratos, eles não podem ser analisados sem a lupa do interesse público, transbordando os limiares da relação particular e os interesses restritos das partes diretamente envolvidas.

Com isso, a expressão *função social* revela a ideia de que "o contrato visa atingir objetivos que, além de individuais, são também sociais", de maneira que o "poder negocial é, assim, funcionalizado, submetido a interesses coletivos ou sociais" (Gomes, 2019, p. 39). Essa é a razão pela qual o art. 421 do Código Civil prevê expressamente que a liberdade contratual deve ser exercida tendo em vista os limites da função social do contrato.

Ricardo Negrão (2020, p. 229) assim argumenta:

> Por ser princípio de ordem pública, cabe ao magistrado, nos casos submetidos a seu exame, verificar, na apreciação das cláusulas formuladas pelas partes contratantes e na execução do contrato, a incidência da limitação prevista no art. 421 do Código Civil, reordenando o contrato para possibilitar que atinja o objetivo preconizado pela norma.

Segundo Tartuce (2021a, p. 68), significar dizer que:

> os contratos devem ser interpretados de acordo com a concepção do meio social onde estão inseridos, não trazendo onerosidade excessiva às partes contratantes, garantindo que a igualdade entre elas seja respeitada, mantendo a justiça contratual e equilibrando a relação onde houver a preponderância da situação de um dos contratantes sobre o outro.

Para melhor compreender a aplicabilidade da função social no estudo dos contratos, é preciso analisar mais detidamente as previsões legais a respeito, tanto no bojo do Código Civil quanto do Código de Defesa do Consumidor.

Função social no Código Civil e no Código de Defesa do Consumidor

Não há dúvidas de que o principal marco legislativo acerca da positivação do princípio da função social é o Código Civil. Em uma clara limitação à autonomia da vontade em matéria contratual, extrai-se da leitura dos arts. 421 e 2.035, parágrafo único, do Código Civil uma intenção legislativa em criar formas de condicionar a liberdade contratual.

Flavio Tartuce (2021a, p. 69) aduz que "à luz da personalização e constitucionalização do Direito Civil, pode-se afirmar que a real função do contrato não é a segurança jurídica ou a proteção excessiva e cega do mercado, mas sim atender os interesses da pessoa humana".

Com a relevância dada ao princípio da função social do contrato, a autonomia de vontade (liberdade em contratar) das partes não deixou de existir muito menos deixou de ser considerada para fins de formação do contrato. Ela foi apenas relativizada.

Com base em uma lógica de ponderação, a função social passou a servir de medida limitadora dessa autonomia no intuito de obstar excessos, sobretudo diante de outros interesses que ultrapassam a esfera de direitos das partes envolvidas (e que possam ser igualmente afetados pela relação contratual).

Dessa forma, como defende Theodoro Junior (2014, p. 37, grifo do original):

> A função social do contrato consiste em abordar a liberdade contratual em seus reflexos sobre a sociedade (*terceiros*) e não apenas no campo das relações entre as partes que o estipulam (*contratantes*). [...] Nessa ótica, sem serem partes do contrato, terceiros têm de respeitar seus efeitos no meio social, porque tal modalidade de negócio jurídico tem relevante papel na ordem econômica indispensável ao desenvolvimento e aprimoramento da sociedade. Têm também os terceiros direito de evitar reflexos danosos e injustos que o contrato, desviado de sua natural função econômica e jurídica, possa ter na esfera de quem não participou de sua pactuação[3].
> Reconhece-se, de longa data, e não apenas nos tempos atuais, que os contratantes, embora livres para ajustar os termos da convenção, deverão agir sempre dentro dos limites necessários para evitar que sua atuação negocial se torne fonte de prejuízos injustos e indesejáveis para terceiros

No contexto do Código de Defesa do Consumidor, a força obrigatória do contrato passa a ser mitigada, haja vista a existência de uma parte mais vulnerável (ou hipossuficiente), à luz da função social.

Mesmo que inexista previsão expressa da função social no Código de Defesa do Consumidor, várias são as passagens nas quais podemos observar a preocupação do legislador com esse princípio.

Começando pelo art. 6º, inciso V, do Código de Defesa do Consumidor, que trata sobre a possibilidade de revisão de cláusulas contratuais, desde que observadas, durante sua execução, eventuais prestações desproporcionais. Na mesma tangente, há a previsão para afastamento de certas previsões contratuais caso ocorram fatos supervenientes que torne o pacto excessivamente oneroso.

Ainda, os arts. 39 e 51 do Código de Defesa do Consumidor, estabelecem práticas e/ou cláusulas contratuais que podem ser consideradas abusivas culminando, até mesmo, com a nulidade do contrato.

O art. 47 do Código de Defesa do Consumidor, por sua vez, propõe que toda vez que se lance à tarefa de interpretação do contrato, tal atividade deverá ser feita de maneira mais favorável ao consumidor.

Esse rol de previsões se relaciona diretamente com a função social e demonstra a importância em aproximar cada vez mais a leitura dos contratos a esse princípio.

Eficácia da função social do contrato

Segundo Flavio Tartuce (2021a, p. 82-83), existem duas eficácias que podem ser identificadas considerando o princípio da função social do contrato: uma de natureza interna e outra externa.

A primeira se relaciona com as partes contratantes e seus interesses, e a segunda trata da externalidade que ultrapassa os limites do liame contratual, atingindo interesses de eventuais terceiros. Nesse panorama, resta evidente que a esfera pessoal e a dimensão social dos contratos devem ser analisadas em conjunto (Tartuce, 2021a).

Assim, com relação à eficácia do princípio em voga no âmbito dos contratos, Theodoro Junior (2014, p. 41) afirma que:

> a conceituação de função social do contrato não deve ser tão genérica que abranja tanto o comportamento interno dos contratantes entre si, como o comportamento externo deles, perante o meio social em que o negócio projeta seus efeitos. Não é que se deva minimizar a importância do princípio ético ou de inferiorizá-lo diante do princípio social. Ambos são imprescindíveis ao tratamento jurídico moderno do contrato. Cada um, porém, se instala em terreno próprio e bem limitado, até mesmo para que sua conceituação não se dissipe em excessiva generalidade, que não se presta, obviamente, para prestigiar a figura jurídica nem para emprestar-lhe maior utilidade prática.

Por esse motivo, da leitura do art. 421 do Código Civil, fica claro que a função social ali mencionada está diretamente relacionada aos efeitos externos que o contrato pode gerar, ou seja, daquilo que pode repercutir na esfera de terceiros.

Comentários à Lei da Liberdade Econômica

Em 20 de setembro de 2019, foi promulgada a Lei n. 13.874 (Brasil, 2019), também conhecida como Lei da Liberdade Econômica, a qual trouxe algumas mudanças significativas nos artigos relacionados à função social do contrato no Código Civil. A começar pelo art. 421 do Código Civil, que passou a prever a liberdade contratual, porém desde que atendidos os limites da função social do contrato. Ademais, o art. 421-A foi inserido no referido *codex*, introduzindo questão bastante relevante no que tange à paridade de contratos de natureza civil e empresarial.

Não bastasse, também trouxe como inovação a possibilidade de as partes negociarem parâmetros que podem ser aplicados na interpretação de cláusulas, bem como na revisão ou na resolução do contrato. Por fim, enfatiza o novel dispositivo o respeito aos riscos definidos pelas partes e a revisão contratual, mas de maneira excepcional e limitada.

É possível concluir que um dos principais objetivos da Lei n. 13.874/2019 foi o de revalorizar a plena liberdade na celebração de contratos e a autonomia privada. Ainda que, em uma primeira leitura, possam parecer conflitantes, é certo que os arts. 421 e 421-A do Código Civil não são incompatíveis, já que a previsão acerca de maior liberdade contratual não desconsidera a função social, muito menos derroga previsões legais de caráter especial, como acontece com a Lei n. 8.078/1990, o Código de Defesa do Consumidor.

Aliás, com relação à legislação consumerista, Pfeiffer (2019) consigna que:

> a interpretação sistemática da Lei no 13.874/2019 permite identificar que o seu objetivo primordial, ao estabelecer a declaração dos direitos da liberdade econômica, foi o de promover a livre inciativa, impondo limites à regulação estatal da atividade econômica e conferir ampla liberdade no âmbito das relações empresariais e civis paritárias. Tal lógica não é compatível com os contratos de consumo, caracterizados pela relação intrinsicamente desigual entre as partes que os celebram, dada a vulnerabilidade dos consumidores frente aos fornecedores.

De modo geral, a Lei n. 13.874/2019 trouxe nova direção no que diz respeito ao estudo, à compreensão e à aplicabilidade dos contratos.

— 5.3.2 —
Princípio da boa-fé aplicado aos contratos

Outro princípio alçado ao patamar de destaque no contexto dos contratos no Código Civil é o da boa-fé.

Nesse sentido, são exemplos concretos da preocupação do legislador com a positivação da boa-fé o art. 113, que orienta que os negócios jurídicos devem ser interpretados conforme a boa-fé; o art. 184, que determina que os limites desrespeitados da boa-fé podem configurar ilícito; o art. 286, que traz a figura do cessionário de boa-fé; o art. 309, que estabelece a validade do pagamento feito de boa-fé; e o art. 422, que determina o dever dos contratantes de observarem, na conclusão e na execução do contrato, a boa-fé, todos do Código Civil.

Na mesma toada, o Código de Defesa do Consumidor, no art. 51, inciso IV, explicita a abusividade em cláusulas que sejam incompatíveis com a boa-fé (Brasil, 1990).

Rizzardo (2021, p. 34) explica que, com a boa-fé como princípio norteador dos contratos:

> As partes são obrigadas a dirigir a manifestação da vontade dentro dos interesses que as levaram a se aproximarem, de forma clara e autêntica, sem o uso de subterfúgios ou intenções outras que as não expressas no instrumento formalizado. A segurança das relações jurídicas depende, em grande parte, da probidade e da boa-fé, isto é, da lealdade, da confiança recíproca, da justiça, da equivalência das prestações e contraprestações, da coerência e clarividência dos direitos e deveres. Impende que haja entre os contratantes um mínimo necessário de credibilidade, sem o qual os negócios não encontrariam ambiente propício para se efetivarem.

Portanto, em matéria de contratos, a boa-fé não se trata de um princípio implícito, ou que demande uma interpretação diversa daquela que usualmente é aplicada quando se discute validade e eficácia de pactos e as obrigações inerentes a eles. Aliás, como ressalta Gomes (2019, p. 35):

O princípio da boa-fé entende mais com a interpretação do contrato do que com a estrutura. Por ele se significa que o literal da linguagem não deve prevalecer sobre a intenção manifestada na declaração de vontade, ou dela inferível. Ademais, subentendem-se, no conteúdo do contrato, proposições que decorrem da natureza das obrigações contraídas, ou se impõem por força de uso regular e da própria equidade. Fala-se na existência de *condições subentendidas*. Admitem-se, enfim, que as partes aceitaram essas consequências, que realmente rejeitariam se as tivessem previsto. No caso, pois, a interpretação não se resume a simples apuração da intenção das partes.

Vemos, portanto, que a boa-fé é corolário expresso no tratamento jurídico dos contratos no Brasil, devendo, portanto, ser observado.

Boa-fé objetiva

A noção de boa-fé deriva de conceitos como confiança, lealdade, transparência. Nada mais é do que uma regra de conduta.

Nas relações contratuais, isso se manifesta por meio da colaboração entre as partes, o que significa dizer que tanto na elaboração quanto na execução do pacto, bem como em todas as fases contratuais (a teor do art. 422 do Código Civil), as partes envolvidas devem pautar seus atos de maneira honesta e coerente, observando uma constante cooperação.

Mesmo que existam interesses conflitantes, a boa-fé revela-se como um importante instrumento justamente no intuito de se evitar ao máximo a revisão ou o desfazimento do contrato, sobretudo na esfera judicial.

A boa-fé objetiva foi o modelo adotado pelo Código Civil. Ganhou *status* de cláusula geral no âmbito dos contratos, haja vista a obrigatoriedade de sua observação, tal como prevê o art. 422 do Código Civil (os contratantes são obrigados a guardar, tanto na conclusão do contrato quanto em sua execução, os princípios de probidade e boa-fé).

Já no Código de Defesa do Consumidor, no art. 4º, inciso III, a boa-fé vem prevista juntamente da noção de equilíbrio, ambos norteadores das relações contratuais firmadas entre fornecedores e consumidores (partes de um típico contrato de consumo).

Sobre a boa-fé objetiva, cumpre trazer à baila suas características próprias, até mesmo para que não haja confusão com a denominada *boa-fé subjetiva* (outra vertente do princípio em análise). Por isso, Venosa (2021, p. 29) destaca:

> Como o dispositivo do art. 422 se reporta ao que se denomina *boa-fé objetiva*, é importante que se distinga da *boa-fé subjetiva*. Na boa-fé subjetiva, o manifestante de vontade crê que sua conduta é correta, tendo em vista o grau de conhecimento que possui de um negócio. Para ele há um estado de consciência ou aspecto psicológico que deve ser considerado. A boa-fé objetiva, por outro lado, tem compreensão

diversa. O intérprete parte de um padrão de conduta comum, do homem médio, naquele caso concreto, levando em consideração os aspectos sociais envolvidos. Desse modo, a boa-fé objetiva se traduz de forma mais perceptível como uma regra de conduta, um dever de agir de acordo com determinados padrões sociais estabelecidos e reconhecidos.

Na mesma toada, Negrão (2020, p. 230) explica:

> A qualificação "objetiva" à boa-fé serve para distinguir a virtude interna dos indivíduos (boa-fé subjetiva) das condutas esperadas das pessoas que contratam (boa-fé objetiva). Pretendeu o legislador tornar claro que a imprecisão da expressão não se encontra na dificuldade de se constatar o estado psicológico de um indivíduo, mas em conhecer sua obediência a uma regra de conduta esperada na concretização de negócio jurídico.

Couto e Silva (2006, p. 34) trata sobre o tema ressalvando que "os deveres derivados da boa-fé ordenam-se, assim, em graus de intensidade, dependendo da categoria dos atos jurídicos a que se ligam", ou seja, podem "constituir o próprio conteúdo dos deveres principais", mas também se manifestarem como "deveres duradouros de fidelidade, abrangendo e justificando toda a relação jurídica".

O princípio da boa-fé objetiva gera deveres anexos àqueles que estão diretamente relacionados com o núcleo do contrato e com a obrigação a ele inerente (dar, fazer, vender, alugar etc.).

Deve ser observado pelas partes, até mesmo para não configurar eventual ilícito, passível de reparação, tal como determina o art. 187 do Código Civil: "Também comete ato ilícito o titular de um direito que, ao exercê-lo, excede manifestamente os limites impostos pelo seu fim econômico ou social, pela boa-fé ou pelos bons costumes" (Brasil, 2002).

Proibição de comportamento contraditório (*venire contra factum proprium*)

Considera-se o princípio ora em análise uma espécie de derivação direta da boa-fé objetiva. Isso porque a proibição do comportamento contraditório decorre da:

> credibilidade e da segurança das relações sociais e consequentemente das relações jurídicas que o sujeito observe um comportamento coerente, como um princípio básico de convivência. O fundamento situa-se no fato de que a conduta anterior gerou, objetivamente, confiança em quem recebeu reflexos dela. Assim, o comportamento contraditório se apresenta no campo jurídico como uma conduta ilícita, passível mesmo, conforme a situação concreta de prejuízo, de indenização por perdas e danos, inclusive de índole moral. (Venosa, 2021, p. 43)

O princípio da boa-fé objetiva, previsto nos já mencionados arts. 113 e 422 do Código Civil, determina que os contratantes ajam com respeito e confiança. Diante disso, e como fruto da derivação já destacada, com a proibição do comportamento contraditório devem ser evitadas condutas de natureza prejudicial à relação em si, às próprias partes e a eventuais terceiros (*venire contra factum proprium*).

Na lição de Judith Martins-Costa (2018, p. 674-675):

> É a deslealdade, além da contraditoriedade com a própria conduta, que está no núcleo da figura conhecida como *venire contra factum proprium no valet* (ou, simplesmente, *nemo potest venire contra factum proprium*). Para a caracterização da ilicitude apanhada pela vedação ao *venire contra factum proprium*, o fato da contradição é necessário, mas não suficiente. É preciso que a segunda conduta frustre legítimo investimento de confiança, feito pela parte que alega a contradição, em razão da primeira conduta (o *factum proprium*), pois a coibição implicada na parêmia, *venire contra factum proporium non potest* tem como bem jurídico proteger o alter, 'evitando a quebra de sua confiança legítima'.

O princípio em apreço busca, portanto, coibir conduta que contradiz outra postura que foi adotada previamente, justamente para evitar que sejam geradas injustas e inadmissíveis mudanças de atitude, bem como fruste as expectativas entre as partes, o que, por certo, não pode ser aceito sob a ótica da boa-fé.

— 5.3.3 —
Autonomia da vontade

A autonomia da vontade continua sendo um princípio orientador das relações contratuais. Mesmo que, atualmente, ele seja estudado e aplicado não mais como "lei entre as partes", mas sim de maneira mitigada, sobretudo frente à função social e à boa-fé antes verificadas, fato é que a maioria dos negócios jurídicos têm como elemento inicial a vontade das partes.

Isso porque a autonomia de vontade está diretamente relacionada com a liberdade de contratar, e essa liberdade, por sua vez, como explica Venosa (2021, p. 35):

> pode ser vista sob dois aspectos. Pelo prisma da liberdade propriamente dita de contratar ou não, estabelecendo-se o conteúdo do contrato, ou pelo prisma da escolha da modalidade do contrato. A liberdade contratual permite que as partes se valham dos modelos contratuais constantes do ordenamento jurídico (contratos típicos), ou criem uma modalidade de contrato de acordo com suas necessidades (contratos atípicos).

Logo, com relação à liberdade de contratar (realizar um pacto), no sentido de escolher o tipo de contrato, bem como as previsões que constarão nele, nada muda quanto à autonomia de vontade. Sendo assim, segundo Gomes (2019, p. 20), a autonomia de vontade:

Significa o poder dos indivíduos de suscitar, mediante declaração de vontade, efeitos reconhecidos e tutelados pela ordem jurídica. No exercício desse *poder*, toda pessoa capaz tem aptidão para provocar o nascimento de um direito, ou para obrigar-se. A produção de efeitos jurídicos pode ser determinada assim pela vontade unilateral, como pelo concurso de vontades. Quando a atividade jurídica se exerce mediante *contrato*, ganha grande extensão. Outros conceituam a *autonomia da vontade* como um aspecto da liberdade de contratar, no qual o poder atribuído aos particulares é o de se traçar determinada conduta para o futuro, relativamente às relações disciplinares da lei.

Acerca da aplicabilidade da autonomia da vontade, mormente no contexto de discussões judiciais em demandas revisionais de contrato, esse princípio "não mais é visto pelo prisma individualista de utilidade para os contratantes, mas no sentido social de utilidade para a comunidade" (Venosa, 2021, p. 36).

O mesmo acontece com o princípio da força obrigatória, tal como será analisado a seguir.

— 5.3.4 —
Força obrigatória (*pacta sunt servanda*)

O princípio ora em apreço também sofreu mudanças de entendimento em seu eixo paradigmático diante da função social e da boa-fé. A força obrigatória, também conhecida pela expressão *pacta sunt servanda*, traz em seu bojo a noção de cumprimento obrigatório do contrato, independentemente de qualquer mudança de cenário ou condições, pois, como explica Gomes (2019, p. 31):

> Celebrado que seja, com observância de todos pressupostos e requisitos necessários à sua validade, deve ser executado pelas partes como se suas cláusulas fossem preceitos legais imperativos. O contrato obriga os contratantes, sejam quais forem as circunstâncias em que tenha de ser cumprido. Estipulado validamente seu *conteúdo*, vale dizer, definidos os direitos e obrigações de cada parte, as respectivas cláusulas têm, para os contratantes, força obrigatória.

Ocorre que esse entendimento não tem mais espaço no estudo dos contratos, pelo menos não de modo absoluto. Sua análise ainda se revela válida pelo "fato de terem as partes contratado de livre e espontânea vontade e submetido sua vontade à restrição do cumprimento contratual porque tal situação foi desejada" (Venosa, 2021, p. 37).

Isso se deve ao fato de que, quando se fala em força obrigatória dos contratos, é preciso ter em mente a impossibilidade de "revogação unilateral do contrato ou a alteração de suas cláusulas, que somente se permitem mediante novo concurso de vontades" (Gomes, 2019, p. 31).

Todavia quando ocorrem situações excepcionais e previstas em lei, seguindo uma interpretação lógica, proporcional e razoável, torna-se possível a revisão de pactos. Por esse motivo, segundo Tartuce (2021a, p. 111):

o princípio da força obrigatória ou da obrigatoriedade das convenções continua previsto em nosso ordenamento jurídico, mas não mais como regra geral, como antes era concebido. A força obrigatória constitui exceção à regra geral da socialidade, secundária à função social do contrato, princípio que impera dentro da nova realidade do direito privado contemporâneo.

O estudo da força obrigatória no âmbito dos contratos deve ser realizado com atenuações, mas que não lhe retiram a substância. Por esse motivo não deve ser ignorado, principalmente pela função de segurança que imprime nas relações contratuais e obrigações daí decorrentes, mas tão somente mitigado.

— 5.3.5 —
Relatividade

O princípio da relatividade associa-se à noção de que os contratos geram efeitos, deveres e obrigações apenas aos que dele participam, ou seja, somente aos sujeitos da relação contratual. Nesse sentido, Gomes (2019, p. 37, grifo do original) explica que:

> O *princípio da relatividade dos contratos* diz respeito à sua eficácia. Sua formulação fez-se em termos claros e concisos ao dizer-se que o contrato é *res inter alios acta, aliis neque nocet neque prodest*, o que significa que seus efeitos se produzem exclusivamente entre as partes, não aproveitando nem prejudicando a terceiros.

Atualmente, porém, esse entendimento não encontra mais guarida, haja vista que o contrato pode sim gerar efeitos a terceiros e, com isso, extrapolar os limites da relação original. Muito disso se deve ao fato de que a relatividade como princípio contratual também se mostra relativizada diante da função social.

Para tanto, basta observar, no contexto do próprio Código Civil, algumas situações nas quais são permitidas que os efeitos de um contrato atingirão a esfera de direitos de um terceiro.

É o que acontece, por exemplo, com a estipulação em favor de terceiro, como vemos nos arts. 436 a 438 do Código Civil, e com a promessa de fato de terceiro, possibilidade prevista nos arts. 439 e 440 do Código Civil, hipóteses de nítida exceção ao princípio da relatividade.

— 5.3.6 —
Equilíbrio

O equilíbrio contratual relaciona-se com a possibilidade de lesão contratual e, com isso, o cabimento de revisão ou, ainda, de resolução do contrato, desde que observada a hipótese de onerosidade excessiva, com caráter superveniente. Assim, verificada uma situação como antes descrita, permite-se que o pacto seja revisto no intuito de restabelecer o equilíbrio entre as partes, com o claro "papel de limite à rigidez do princípio da força obrigatória do contrato" (Gomes, 2019, p. 38).

O Código Civil trouxe previsões acerca do equilíbrio e a possibilidade de solução do contrato diante de eventual onerosidade excessiva.

A começar pelo art. 478 do Código Civil, o qual estabelece que, nos contratos de execução continuada (aqueles que se prolongam no tempo), se a prestação que cabe a uma das partes "se tornar excessivamente onerosa, com extrema vantagem para a outra, em virtude de acontecimentos extraordinários e imprevisíveis, poderá o devedor pedir a resolução do contrato" (Brasil, 2002).

O art. 479 do *codex* civilista também trata da possibilidade de mudanças equitativas nas condições do contrato quando ocorridas mudanças significativas que possam interferir na execução do pacto.

Por fim, o art. 480 do Código Civil prevê a possibilidade de redução ou mudança no cumprimento das prestações assumidas por uma das partes caso venha a ocorrer alguma situação que implique onerosidade excessiva e impacte a possibilidade de adimplemento da obrigação.

— 5.4 —
Interpretação contratual

Não são raras as vezes em que um contrato se realiza ou se desenvolve no decorrer do tempo sem que exista nenhum tipo de intercorrência ou discussão.

Dúvidas durante a execução podem surgir, fatos extraordinários e supervenientes podem influenciar a forma e a qualidade de cumprimento. Enfim, vários são os motivos pelos quais possa existir a necessidade de releitura das previsões estipuladas em um contrato, e é nesse contexto que exsurge o papel da interpretação como forma de adequar o pacto a uma nova realidade.

O que é interpretar?

O jurista Silvio de Salvo Venosa (2021, p. 108) explica que:

> O sentido de interpretação, portanto, está intimamente ligado ao de aplicação do Direito. Interpreta-se para aplicar. Ao aplicar o direito, interpreta-se. As duas atividades são indissociáveis. Não há sentido na interpretação senão para aplicar a norma ao caso concreto, ainda que isto não seja feito pelo julgador, em última análise, porque os intérpretes e aplicadores primeiros das normas contratuais ou legais são as próprias partes interessadas. Ainda quando se busca um exercício de interpretação didática, numa escola de Direito, o sentido é sempre para buscar a melhor e mais adequada aplicação da norma.

De regra, suscita-se a necessidade de interpretação de um contrato geralmente quando há algum problema ou conflito que implica uma releitura daquilo que restou anteriormente ajustado entre as partes.

Trata-se, portanto, de interpretar um contrato justamente no intuito de adequar aquilo que consta previsto nas cláusulas, em face da dinâmica das relações, considerando a função social, a boa-fé, entre outros, e, por fim, o que prevê a lei, sobretudo com o fito de se atingir a melhor (ou mais adequada) solução.

O ato de interpretar pode ser desenvolvido por todos aqueles que de alguma forma se relacionam com o contrato. Por certo que a interpretação tem início com as próprias partes, podendo, porém, chegar ao patamar de um julgador, que, na esfera judicial, aplicará o direito ao caso concreto interpretando o que restou ajustado entre as partes em consonância com todo o contexto envolvido sob as óticas fática e legal.

Nesse sentido, ao interpretar um contrato, busca-se extrair o máximo significado do que restou estipulado pelos envolvidos, sem deixar de considerar a norma jurídica aplicável, bem como as principais orientações principiológicas.

— 5.4.1 —
Interpretação no Código Civil

O Código Civil trouxe, em seu bojo, a importância da interpretação, com destaque na matéria contratual.

Desta feita, extrai-se do art. 112 do código civilista que, nas declarações de vontade, será atendida a intenção nelas consubstanciadas, e não somente no sentido literal de linguagem, o que, sem sombra de dúvidas, homenageia a interpretação.

Isso porque a manifestação de vontade não pode servir como única via de interpretação, cabendo ao intérprete, como defende Venosa (2021, p. 111), sob a ótica civilista, avaliar:

o sentido gramatical das palavras e frases, os elementos econômicos e sociais que cercaram a elaboração do contrato, bem como o nível intelectual e educacional dos participantes, seu estado de espírito no momento da declaração etc. Enfim, é cada caso concreto que proporciona solução ao julgador)

Na mesma linha de raciocínio, o art. 421-A, introduzido no Código Civil pela Lei de Liberdade Econômica, também ressalta a interpretação como via necessária à adequação de um contrato, podendo ser objeto de negociação entre as partes, já que, como explica Rizzardo (2021, p. 22):

> A teor do inciso I, é admitida a inclusão de critérios ou parâmetros de interpretação das cláusulas, o que também consta autorizado no § 2º do art. 113 do Código Civil. Estabelecem as partes regras de interpretação das cláusulas, remetendo aos usos e costumes locais, ou aos conceitos técnicos de um ramo da ciência ou dos bens a que se refere o contrato.

Por certo que a declaração de vontade das partes não precisa ser ignorada, até porque, como esclarece Lôbo (2021, p. 73):

> Interpretar o contrato é revelar o significado que se deve atribuir à exteriorização da vontade comum, de que ele resultou. A exteriorização é a declaração expressa da vontade, realizada por sinais, gestos, palavras proferidas e escrita, e a manifestação tácita da vontade, mediante comportamentos concludentes. Mas a interpretação do contrato não consiste apenas em revelar sentido, pois pode ir além da declaração, com a

interpretação integrativa, ou com o reconhecimento da integração dos deveres gerais de conduta negocial, ou com a interpretação das normas jurídicas dispositivas não afastadas pelas partes, ou com a declaração de nulidade das cláusulas e condições colidentes com as normas jurídicas cogentes constitucionais e infraconstitucionais. Pode, ainda, restringir seu alcance, em determinadas situações, como nos contratos que têm como objeto liberalidades (ex.: doação e fiança).

Ainda, de modo complementar, Gomes (2019, p. 195) afirma:

> Constituindo-se as *declarações*, como se constituem, de palavras com as quais as partes comunicam, uma à outra, o que querem, algumas vezes sem exprimir com exatidão a vontade, deve o intérprete iniciar sua tarefa pela averiguação do sentido destas. Dado esse passo, há de partir em busca da *vontade real* dos contraentes, sem esquecer as circunstâncias em que se formularam e outros fatos, como o comportamento anterior ou ulterior das partes, que possam servir à plena reconstrução da ideia (*intento*) nascida na mente humana como representação.

É preciso ter em mente que a autonomia de vontade não deve ser considerada de maneira extrema, mormente em conjunção com outros princípios aplicáveis aos contratos, bem como diante de previsões legais que evidenciam a necessidade de compreensão do contrato e sua aplicabilidade considerando-o como um todo.

— 5.4.2 —
Interpretação integrativa dos contratos

Entendemos por *interpretação integrativa* aquela pela qual se busca compreender o contrato com vistas a mantê-lo de acordo com a boa-fé e a expectativa gerada nos contratantes no momento de sua formação, mesmo diante de situações que possam influenciar seu normal cumprimento. O principal ponto a ser considerado é o equilíbrio contratual.

Silvio de Salvo Venosa (2021, p. 115) explica que, em um cenário no qual as partes tenham previsto determinado índice de atualização monetária que deixou de existir durante a execução do contrato, resta evidente que, utilizando da interpretação integrativa, a melhor solução seria aplicar um novo índice próximo, ou com características semelhantes àquele utilizado anteriormente, sem que isso signifique nenhuma onerosidade excessiva ou enriquecimento indevido.

Como esclarece Lôbo (2021, p. 77):

> A interpretação integrativa tem por fito revelar os elementos implícitos do contrato, segundo seus fins, e que presumivelmente integram as declarações de vontade e o acordo. É espécie do gênero interpretação extensiva, mas vinculada à autonomia privada das partes e à sua base negocial. Traz à luz o que deveria estar explicitado no contrato. Por meio da interpretação integrativa alcança-se todo o conteúdo que o contrato deve ter, de acordo com a natureza do contrato. A interpretação do contrato é mais do que a revelação de sentido

das palavras escritas ou faladas, ou do comportamento concludente (atos, gestos, signos, silêncio) das partes; é também revelação do que deve integrar o contrato se as partes fossem instadas a se manifestar sobre o ponto que restou omisso.

Nesse sentido, a Lei n. 13.874/2019 – Lei da Liberdade Econômica – prevê, mesmo que de maneira implícita, a relevância da interpretação integrativa.

Basta leitura do art. 113, parágrafo 1º, inciso V, da referida lei para verificar que o legislador buscou destacar a interpretação mais razoável frente à negociação das partes. Ressalta, ainda, que a interpretação deve ser extraída das demais disposições do negócio e da racionalidade econômica dos envolvidos, considerando as informações disponíveis no momento de sua celebração (Brasil, 2019).

Com isso, fica clara a importância da interpretação e, em especial, a interpretação integrativa em matéria de contratos buscando, além daquilo que está posto, todos os efeitos do negócio jurídico, mesmo que não estejam previstos explicitamente.

— 5.5 —
Elementos do contrato

Um contrato somente existe, tem validade e gera efeitos quando firmado seguindo alguns requisitos mínimos, ligados à sua própria composição.

A começar com a identificação e a capacidade das partes, em seguida, tem-se o objeto a ser negociado, a forma a ser atendida (se for o caso) e, ainda, o consentimento dos envolvidos.

Com isso, firma-se o pacto sob a ótica da livre manifestação de vontade, respeitados os preceitos do art. 104 do Código Civil que trata da validade dos negócios jurídicos, sendo os contratos seu maior exemplo.

Capacidade das partes

Não é preciso mais digressões para dizer que os sujeitos que negociam e resolvem realizar um contrato são as partes diretamente envolvidas no pacto.

Dito isso, para que um contrato tenha validade e surta efeitos, é preciso que esse sujeito tenha plena capacidade para realizar o pacto, até mesmo para fins de expressar de modo livre e autônomo sua manifestação de vontade em contratar.

O art. 166 do Código Civil não deixa dúvidas no sentido de que será nulo o negócio (contrato) caso alguma das partes seja absolutamente incapaz, lembrando que a incapacidade está devidamente tratada também no Código Civil, no art. 3º.

Ato contínuo, os relativamente incapazes, de acordo com o art. 4º do Código Civil, devem ser assistidos para que possam firmar algum contrato, de modo que:

> não permite a lei que participem da relação contratual os menores de dezesseis anos, devendo ser representados. Para certos atos ou a maneira de os exercer, quanto aos maiores de dezesseis e menores de dezoito anos; aos ébrios e aos viciados

em tóxicos; aos que, mesmo por causa transitória ou permanente, não puderem exprimir a sua vontade, neles devendo ser incluídos os que, por enfermidade ou deficiência mental, não tiverem o necessário discernimento para a prática desses atos; e aos pródigos, estão autorizados a celebrarem contratos quando assistidos pelo representante legal. (Rizzardo, 2021, p. 10)

O primeiro ponto crucial para a formação de um contrato, portanto, é a capacidade. Uma vez verificado que os sujeitos são capazes, reputa-se como válido o pacto jurídico firmado sob a ótica de seus participantes.

Objeto

Outro ponto referente à formação do contrato diz respeito ao objeto, o qual deve ser lícito, possível, determinado ou determinável. Somente assim o contrato terá validade.

Dizemos que o objeto é lícito quando não contraria a lei, a moral e os bons costumes. E objeto possível é aquele realizável sem "contrariar as leis da natureza, ou ultrapassar as forças humanas" (Rizzardo, 2021, p. 11).

Para que o contrato exista e tenha validade, também é necessário que o objeto seja facilmente identificado ou, no mínimo, sejam indicadas características que o tornem facilmente identificável.

Não se admite a efetivação de contrato com objeto impossível ou ausente descrição do objeto capaz de garantir sua individualização.

Consentimento

Quando se trata de consentimento, não há como deixar de mencionar a vontade das partes, já que "é uma vontade negocial: isto é, dirigida para a obtenção de efeitos jurídicos, tutelados e vinculantes" (Venosa, 2021, p. 169).

Na mesma esteira, é a "integração de vontades distintas, ou a conjunção das vontades convergindo ao fim desejado" (Rizzardo, 2021, p. 16).

Essa vontade que converge para o consentimento como elemento de um contrato pode manifestar-se de maneira expressa, tácita, escrita ou oral.

No primeiro caso, consentimento expresso, o sujeito declara sua vontade materializada pela palavra (escrita ou verbal). Na manifestação tácita, há uma série de atos ou comportamentos do(s) contratante(s) que revelam a vontade de contratar e culminam no consentimento.

Por fim, e seguindo as previsões legais atinentes, existem contratos que somente podem ser firmados de maneira escrita (por instrumento público ou particular), assim como existe a possibilidade de pactos serem firmados pela simples oralidade (sem formalização escrita).

— 5.6 —
Formação do contrato

O estudo da formação do contrato está ligado às etapas necessárias para que um pacto seja firmado.

Além das partes (e respectiva capacidade), do objeto e do consentimento, tal como visto anteriormente, igualmente é necessário o estudo sobre as tratativas que culminarão na perfectibilização do contrato. Como afirma Lôbo (2021, p. 33):

> O contrato se forma quando uma parte (ofertante) faz uma oferta de uma prestação à outra parte (aceitante) e esta a aceita, fundindo-se as duas manifestações de vontade em um acordo, que obriga ambas as partes. São, portanto, três momentos: o da oferta, o da aceitação e o do acordo ou consenso, considerados essenciais à formação do contrato.

A seguir, serão analisadas as fases de negociação, de proposta, assim como os delineamentos preliminares e, posteriormente, as previsões definitivas do contrato.

Negociação

O momento da negociação está diretamente relacionado com o início de um vínculo contratual. É nesse momento que as partes manifestam suas vontades, expressam seus anseios em contratar, discutem os termos que vão reger o pacto final.

Ainda no que tange à negociação, Lôbo (2021, p. 36) assim explicita:

> Quando o contrato não se forma instantaneamente, costuma ser precedido de tratativas ou negociações preliminares. A doutrina tradicional nunca atribuiu qualquer consequência jurídica a esse momento, que se reteria apenas no

mundo dos fatos. Todavia, desde o século XIX, o direito evoluiu para atribuir responsabilidade a determinadas condutas (teoria da *culpa in contrahendo*, originalmente sistematizada por Rudolf von Jhering em 1861) que levassem, injustificadamente, à frustração do contrato e a prejuízos para quem depositou fundada confiança na conclusão do contrato.

Essa fase de preparação influencia também o próprio consentimento.

Proposta

A partir da proposta, existe "uma declaração de vontade pela qual uma pessoa (o proponente) propõe a outra (o oblato) os termos para a conclusão de um contrato" (Venosa, 2021, p. 174). Por essa razão, podemos dizer que a proposta nada mais é do que uma "firme declaração receptícia de vontade dirigida à pessoa com a qual pretende alguém celebrar um contrato, ou ao público" (Gomes, 2019, p. 59).

Rizzardo (2021, p. 45) define a proposta, ainda, como sendo:

> o primeiro momento no desenrolar dos atos que levam ao contrato propriamente dito. Uma das partes oferece a relação contratual pretendida a um possível interessado. É a mesma definida como a declaração de vontade dirigida a uma pessoa com quem se quer contratar. Denominada, também, policitação, visa solicitar a manifestação da vontade da outra parte, que se denominará aceitante, desde que a acolha e a aprove, a ela aderindo.

A proposta deve levar à aceitação, sem gerar dúvidas, pois somente assim chega-se à formação do contrato, uma vez que "tanto a proposta como a aceitação são manifestação de vontade unilateral, com efeitos jurídicos. A proposta e a aceitação buscam a integração de duas vontades, para formar a vontade contratual" (Venosa, 2021, p. 177).

Em outras palavras, Gomes (2019, p. 59) esclarece:

> Exige-se que seja inequívoca, precisa e completa, isto é, determinada de tal sorte que, em virtude da *aceitação*, se possa obter o acordo sobre a totalidade do contrato. Deve conter, portanto, todas as cláusulas essenciais, de modo que o consentimento do oblato implique a formação do contrato.

Pode a proposta ser realizada a determinada pessoa (indicada de forma certa) ou de maneira mais ampla, a pessoas indeterminadas, conforme dispõe o art. 429 do Código Civil.

Os arts. 427 a 431 do Código Civil, por sua vez, disciplinam a proposta com enfoque nas características da obrigatoriedade exposta no art. 427 do referido codex, com a previsão de que a **proposta obriga o proponente, guardada a exceção de se, ao contrário, não resultar dos termos dela, se a própria natureza do negócio assim não exigir e se as circunstâncias do caso também não deflagrarem a mencionada obrigatoriedade.**

Ademais, o art. 428 também traz uma série de exceções à obrigatoriedade. É o que acontece quando a proposta é feita sem prazo à pessoa presente (incluindo por meios telemáticos) e não for imediatamente aceita, deixando de ser obrigatória. Da mesma forma, se feita sem prazo à pessoa ausente e tiver decorrido tempo suficiente para resposta ao proponente. Por fim, se feita à pessoa ausente e não tiver sido dada resposta dentro do prazo estipulado, ou se a retratação do proponente chegar ao conhecimento da outra parte antes da resposta, ou simultaneamente a ela.

Ainda, se o pacto negociado não exigir aceitação expressa (ou ter sido dispensada pelo proponente), o contrato será considerado concluído desde que não chegue a tempo a recusa. Último ponto de destaque acerca da proposta diz respeito à aceitação fora do prazo com acréscimos, restrições ou eventuais modificações; nessas hipóteses, a lei estipula que ocorrerá nova proposta.

Contrato preliminar

O contrato preliminar também é conhecido pelas expressões *pré-contrato*, *compromisso* ou *promessa de contrato*, haja vista ter natureza preparatória em relação ao pacto principal (ou definitivo). Gomes (2019, p. 56) explica:

> Todo contrato preliminar tem sua causa na preparação de um contrato definitivo, sendo, portanto, seu efeito específico a criação da obrigação de contraí-lo. No caso, *v. g.*, da promessa

unilateral de venda, obriga-se o promitente-vendedor a prestar seu consentimento para a realização do contrato definitivo de venda e compra, se a outra parte o exigir. Ao contrário do que sucede com a opção, no contrato preliminar é necessária a conclusão de outro contrato, o *definitivo*, com prestação de novo consentimento.

Podemos afirmar, portanto, que se trata de um "contrato no qual as partes se obrigam a realizar posteriormente um contrato definitivo" no sentido de não criar uma "situação definitiva, porquanto outro contrato surgirá, que consolidará as estipulações feitas numa fase inicial, mais no sentido de manifestação de intenções, vinculando as vontades a um objeto comum" (Rizzardo, 2021, p. 186).

O contrato preliminar está regulamentado nos arts. 462 a 466 do Código Civil. Desse conjunto de previsões, merece destaque o texto do art. 462, que determina que ele deve trazer em seu bojo todos os requisitos necessários ao contrato a ser celebrado (contrato definitivo).

Já o art. 465 estabelece que, caso o estipulante não cumpra o que restou estipulado no contrato preliminar, pode a outra parte considerá-lo desfeito, bem como requerer as eventuais perdas e danos.

Contrato definitivo

O contrato definitivo é realizado de maneira plena, já com ares de determinar de modo absoluto os deveres e as obrigações atinentes às partes.

É com o contrato principal que os sujeitos vão realizar os fins a que se propuseram, assim como atingirão os objetivos perseguidos, seguindo o que restou ajustado preliminarmente. Por esse motivo, aliás, muitos autores costumam afirmar que o contrato definitivo substitui o pré-contrato.

Dito isso, o art. 463 do Código Civil destaca que, uma vez concluído o contrato preliminar e se não existir cláusula de arrependimento, qualquer das partes pode exigir a celebração do contrato definitivo.

Da mesma forma, existe a possibilidade da execução forçada conforme preceitua o art. 464 do Código Civil. Caso esgotado o prazo para cumprimento espontâneo, poderá a parte interessada buscar a tutela jurisdicional no intuito de suprir a vontade da parte inadimplente. Com isso, confere-se caráter definitivo ao contrato preliminar (exceto se a natureza da obrigação não permitir, como nas obrigações personalíssimas).

Capítulo 6

Contratos: classificação, vícios, revisão, resolução e espécies

Existe uma vasta classificação dos tipos de contratos no direito brasileiro, levando em consideração critérios como o envolvimento patrimonial, o número de participantes, eventuais formalidades, entre outros.

— 6.1 —
Tipos de contrato

De acordo com o elemento mais fundamental do contrato, haverá uma modalidade com características que refletem esse tipo de negócio. A seguir, analisaremos alguns desses contratos.

Contratos unilaterais e bilaterais

Os contratos são chamados de *unilaterais* ou *bilaterais* conforme as obrigações que são assumidas em seu bojo. Logo, um contrato é considerado unilateral quando apenas uma das partes assume alguma obrigação. Por certo que, por se tratar de um acordo de vontades, a formação do pacto continua a demandar a presença de dois ou mais sujeitos, mas será considerado unilateral de acordo com os efeitos que dele se desdobrarão (obrigações para uma só das partes). Um dos maiores exemplos nesse sentido é a doação simples (sem condicionantes ou encargos). Nesse caso somente o doador assume deveres em relação ao donatário.

Por consectário lógico, dizemos que os contratos são bilaterais quando obrigações são assumidas por duas, mais ou todas as partes envolvidas. Verificamos obrigações recíprocas, e aqueles que participam do pacto devem atender aos seus respectivos deveres.

Nesse caso, um dos exemplos mais clássicos é a compra e venda, pelo qual o vendedor assume a obrigação de entregar o bem objeto do contrato, e, em contrapartida, o comprador tem a obrigação de pagar o preço definido, na forma e no prazo ajustados. Vemos, claramente, que ambos os sujeitos são credores e devedores entre si, o que deflagra a natureza bilateral do contrato.

Contrato plurilateral

No contrato plurilateral, há a presença de mais de dois sujeitos, ou seja, mais de duas manifestações de vontades, cada um assumindo obrigações e prestações próprias. Desta feita, Venosa (2021, p. 66) afirma que nos:

> contratos plúrimos, cada parte adquire direitos e contrai obrigações com relação a todos os outros contratantes. Há um feixe de obrigações entrelaçadas e não uma oposição pura e simples de um grupo de contratantes perante outro.

Atualmente, referida modalidade contratual é estudada em razão da dinâmica das relações contratuais, sobretudo para atender às necessidades da sociedade em geral, uma vez que a mera bilateralidade, em muitas ocasiões, não se mostra suficiente. Um exemplo é o contrato de seguro de vida em grupo, realizado, na maioria dos casos, por empresas em favor de seus empregados, o qual tem por essência ser plurilateral (empresa, empregados e seguradora).

Contratos gratuitos e onerosos

Dizemos que um contrato tem natureza gratuita quando somente uma das partes experimentará proveito ou acréscimo patrimonial. Já nos contratos onerosos, cada um dos envolvidos terá alguma vantagem a receber.

Logo, os "contratos onerosos são bilaterais, e os gratuitos, unilaterais", sem deixar de observar, no entanto, que "a relação entre vantagem e sacrifício decorre da própria estrutura do negócio jurídico", já que existem "contratos unilaterais que não são gratuitos" (Gomes, 2019, p. 71).

Um exemplo de contrato unilateral oneroso é o chamado *mútuo feneratício* (subespécie do mútuo em geral), que consubstancia na concessão de um valor mediante aplicação de juros, conforme art. 591 do Código Civil.

Contratos comutativos e aleatórios

Os contratos comutativos e aleatórios podem ser identificados como uma subclassificação dos contratos onerosos.

Nos contratos comutativos, há plena equivalência de prestações, ou seja, tem-se a vantagem de um frente ao sacrifício de outro, persistindo certeza quanto à prestação.

Por sua vez, nos contratos aleatórios, "uma ou ambas as prestações apresentam-se incertas, porquanto a sua quantidade ou extensão fica na dependência de um fato futuro e imprevisível" (Rizzardo, 2021, p. 72).

Desta feita, de acordo com Gomes (2019, p. 72, grifo do original):

> Nos *contratos comutativos*, a relação entre *vantagem e sacrifício* é subjetivamente equivalente, havendo certeza quanto às prestações. Nos *contratos aleatórios*, há incerteza para as duas partes sobre se a vantagem esperada será proporcional ao sacrifício. Os *contratos aleatórios* expõem os contraentes à alternativa de ganho ou perda.

Uma situação prática que explicita um contrato aleatório está no seguro, cujo risco segurado é incerto. Por esse motivo, o pagamento pela seguradora somente ocorre caso esse risco venha a ocorrer. A incerteza (ou álea), é característica essencial desse tipo de contrato.

Contratos típicos e atípicos

São considerados contratos típicos aqueles com previsão expressa em lei, ou seja, com características, denominação, requisitos e efeitos estipulados em um texto legal.

Os contratos atípicos, por sua vez, não estão sob essa regulamentação. Sua consolidação, no entanto, resta plenamente autorizada conforme se infere do art. 425 do Código Civil, que assim estipula: "é lícito às partes estipular contratos atípicos, observadas as normas gerais fixadas neste Código" (Brasil, 2002).

Contratos formais e não formais

Os contratos formais e não formais também são amplamente conhecidos pelas expressões *contratos solenes* e *contratos não solenes*, respectivamente.

Como o próprio nome já evidencia, essa classificação está associada à noção de formalidade, com determinada forma prescrita em lei e que deve ser obedecida.

Como explica Gomes (2019, p. 75), a "importância prática da distinção entre contratos solenes e não solenes reside em que os primeiros são nulos, se não obedecida a forma prescrita na lei, por lhes faltar elemento essencial à sua validade".

São contratos formais (solenes) aqueles que necessariamente devem observar forma prescrita em lei. Exemplo disso está no pacto antenupcial entabulado no art. 1.653 do Código Civil, o qual só pode ser firmado por escritura púbica.

Noutra ponta, são contratos não formais (não solenes) aqueles que têm forma livre, que não precisam seguir nenhuma regra.

Sob a lógica do art. 107 do Código Civil, a declaração de vontade, de regra, não depende de forma especial, exceto quando a lei expressamente exigir (Brasil, 2002).

Contratos principais e acessórios

Temos um contrato principal ou acessório quando mencionamos a própria existência do pacto. Aqueles que existem por si próprios são ditos *principais*, e os que somente existem de modo dependente a outro negócio jurídico (sem os quais não subsistem) são chamados de *acessórios*.

Diante disso, um contrato é considerado principal quando independe de outro negócio, é autônomo, como acontece com a locação. É considerado acessório, por sua vez, o contrato que mantém dependência direta em relação a outro pacto, como acontece com a fiança, a hipoteca, o penhor.

Gomes (2019, p. 76, grifo do original) explica que a relevância dessa classificação reside no fato de que:

> A distinção entre *contratos principais* e *acessórios* justifica-se em face da aplicação do princípio geral de que o acessório segue a sorte do principal. A relação de subordinação vincula igualmente tais contratos. Em consequência, a extinção do *contrato principal* acarreta a do *contrato acessório*, pois, logicamente, não lhe pode sobreviver, por faltar a razão de ser. Pelo mesmo motivo, se o *contrato principal* for nulo, também o será, por via de consequência, o *acessório*.

Cumpre destacar que a regra legal de que o acessório segue o principal pode ser extraída da leitura do art. 184 do Código Civil.

Contratos por prazo determinado e indeterminado

No que tange à duração dos contratos, eles podem ter termo certo, ou seja, prazo determinado para vigência, ou simplesmente existir sem qualquer previsão de fim. Cabe às partes definirem (se assim desejarem ou o tipo de pacto exigir) uma data certa para fim do pacto, ou não fazer essa indicação, sem qualquer previsão específica a respeito de duração.

Com relação aos contratos por prazo indeterminado, Gomes (2019, p. 125) ressalva que "a extinção pode dar-se, a todo tempo, por iniciativa de qualquer das partes, mas, uma vez que sua duração não é prevista ou imposta, somente ocorre em virtude de declaração de vontade dos contratantes, ou de um deles, ou por força maior".

Cabe ainda consignar que, transcorrido o prazo certo (termo final), na hipótese de contrato com prazo determinado, se as partes não manifestarem expressamente a intenção de finalizar o pacto, ele poderá assumir caráter indeterminado (simplesmente continuam a existir), como ocorre de modo bastante usual com os contratos de locação.

Contratos e terceiros

Alguns contratos são firmados levando em consideração os interesses de outras partes, bem como visualizando os efeitos que podem gerar e atingir um terceiro. É o que acontece com a estipulação em favor de terceiro e a promessa de fato de terceiro, ambas figuras jurídicas trazidas no código civilista como forma de relacionar a realização de um contrato e terceiros (que não são sujeitos do pacto, mas por ele são influenciados).

Outra situação é aquela na qual uma terceira pessoa é indicada pelos contratantes para fins de tratar das obrigações resultantes do contrato firmado. Essa hipótese é denominada *contrato com pessoa a declarar*.

Contratos em favor de terceiro

O contrato em favor de um terceiro subdivide-se em estipulação em favor de terceiro, conforme arts. 436 a 438 do Código Civil, e da promessa de fato de terceiro, conforme arts. 439 e 440 do Código Civil.

Segundo Rizzardo (2021, p. 144), "um contrato formado por duas pessoas, sendo que uma delas se obriga a entregar uma vantagem ou proveito a uma terceira pessoa, a qual é completamente estranha à relação, não participando ou concordando na convenção".

Ainda, como explica Lôbo (2021, p. 60):

> Terceiro, ou pessoa que não é parte do contrato, nem vinculado a este, direta ou indiretamente, pode ser beneficiário de seus efeitos. Como decorrência, o terceiro pode investir-se em direito subjetivo e exigir seu cumprimento. Por força do instituto da estipulação em favor de terceiros, os efeitos do contrato, desde que benéficos, podem alcançar o âmbito jurídico de terceiros. A vida é cheia de exemplos de beneficiários de negócios jurídicos. Mas o que singulariza a estipulação em favor de terceiros é que não basta que o beneficiário receba a prestação, e sim que possa exigir do promitente, ou seja, de quem o estipulante contratou, que lhe entregue. Se um pai adquire uma assinatura de revista em nome de seu filho, este pode exigir que a editora lhe entregue os exemplares, ou reclamar dos atrasos. Assim, o cumprimento da obrigação tanto pode ser exigido, cumulativamente, pelo estipulante e o terceiro (CC, art. 436), quanto apenas por este, se assim se convencionar ou for da natureza da pretensão).

Na promessa, "a pessoa se obriga a conseguir que terceira pessoa preste uma obrigação" (Rizzardo, 2021, p. 147).

De acordo com Lôbo (2021, p. 61):

> A promessa de fato de terceiro é uma obrigação assumida por uma parte no contrato, de obter prestação de terceiro, no interesse da outra e da consecução do fim contratual. É uma obrigação de fazer, consistente em conseguir a prestação do terceiro. Não gera nenhum tipo de obrigação ao terceiro, enquanto não houver o seu consentimento, visto que não se pode compeli-lo a executar aquilo a que ele não se vinculou juridicamente. Todavia, a inexecução da prestação pelo terceiro caracteriza inadimplemento do contratante que se obrigou por ele. O inadimplemento é do contratante e não do terceiro.

Desse inadimplemento pelo contratante decorre, como consequência, sua responsabilidade, inclusive por perdas e danos sobretudo por ter "confiado na execução da prestação pelo terceiro, e não por inexecução contratual direta sua" (Lôbo, 2021, p. 61). Referida indenização por perdas e danos encontra-se regulamentada pelo art. 439 do Código Civil.

Contratos com pessoa a declarar

Os contratos com pessoa a declarar são bastante comuns em alguns tipos de negócios jurídicos, como no caso da compra e venda. Ele ocorre quando um estipulante (geralmente o comprador) indica uma terceira pessoa, desconhecida no momento da formação do contrato, que ocupará o lugar desse estipulante. O art. 467 do Código Civil traz essa possibilidade, ou seja, quando da conclusão do contrato, uma das partes pode apontar um terceiro que assumirá os direitos e as obrigações dele decorrentes.

A nota de destaque dessa forma contratual é que a terceira pessoa nomeada passa a deter os direitos e assumir as obrigações do contrato, os quais retroagem ao início do pacto, conforme art. 469 do Código Civil.

Essa figura jurídica ora em apreço, como bem ressalta Rizzardo (2021, p. 190), não se confunde "com a cessão do contrato, quando se substitui uma das partes por pessoa estranha", isso porque a "diferença básica está no fato de se colocar um terceiro, quando da conclusão, como beneficiário dos direitos".

Na verdade, importa trazer à baila o que defende Lôbo (2021, p. 62):

> Não se confunde o contrato com pessoa a declarar com o mandato, ou a estipulação em favor de terceiro, ou a cessão de posição contratual, figuras que dele são próximas, mas distintas. Nem o procurador nem o terceiro beneficiário assumem a posição do contratante originário. Na cessão, o cessionário assume a posição do contratante cedente, mas é dependente da concordância do outro contratante, além de que o cedente era efetivamente o contratante originário, em seu próprio interesse. O contrato com pessoa a declarar tampouco se confunde com a promessa de fato de terceiro, porque esta última importa obrigação somente do promitente, sem substituição da posição contratual, enquanto o primeiro importa promessa

de fato próprio, e, somente alternativamente, o fato de terceiro. No contrato com pessoa a declarar, uma das partes, que não fruirá os efeitos do contrato, será substituída por outra pessoa que ela própria escolher, não podendo haver rejeição pela outra parte, o que pressupõe recíproca confiança. O contratante originário é, em verdade, um intermediário em relação ao real contratante que lhe substituirá.

Esse tipo de contrato exige a comunicação prévia, bem como a ciência da outra parte, com um prazo mínimo de cinco dias, de acordo com o art. 468 Código Civil.

Quanto à forma, a declaração deve ser feita seguindo os mesmos parâmetros contratuais porque, de acordo com o parágrafo único do art. 468 do Código Civil, "a aceitação da pessoa nomeada não será eficaz se não se revestir da mesma forma que as partes usaram para o contrato" (Brasil, 2002).

— 6.2 —
Responsabilidade contratual

Como o contrato gera deveres e obrigações entre as partes, a responsabilidade pelo fiel cumprimento do ajustado é essencial, portanto esse aspecto dos contratos merece ser analisado não apenas porque, muitas vezes, a responsabilidade delineia as condutas dos sujeitos do pacto contratual, mas também porque os efeitos decorrentes de uma relação contratual, mormente quando há alguma forma de descumprimento, tem relação direta com o tema.

Além disso, caso haja o descumprimento do avençado, é dever das partes assumirem os ônus do inadimplemento.

A responsabilidade atrela-se ao dever de indenizar, o qual, por sua vez, deriva da violação de uma obrigação assumida, tanto no bojo de um contrato já firmado quanto nos momentos anterior ou posterior de um pacto. Conforme esses momentos é que se que verificam os diferentes tipos de responsabilidade, os quais serão analisados a seguir.

Responsabilidade contratual e extracontratual

Na responsabilidade extracontratual, tal como orienta o art. 186 do Código Civil, aquele que, por ação ou omissão, negligência ou imprudência, violar direito e causar dano comete ato ilícito, dando margem à respectiva reparação, como orienta o art. 927 do Código Civil.

Para caracterizar essa responsabilidade, é preciso que a vítima prove que houve culpa do causador do dano, no sentido de ter agido de modo a causar o ilícito.

Esse tipo de responsabilidade decorre de comando legal, por isso ela nasce simplesmente de um dever previsto em norma que deixa de ser atendido ou, se realizado, não da forma esperada. Essa é a razão pela qual, inclusive, muitos autores chamam essa responsabilidade de *inadimplemento normativo*.

Nota relevante acerca da responsabilidade extracontratual é que ela se verifica quando não há vínculo contratual entre as partes, e o descumprimento legal é que gera o dever de reparar.

Já com relação à responsabilidade contratual, ela ocorre no plano de um contrato, motivo pelo qual segue os termos do contrato, atrelado àquilo que a lei prevê.

Nesse caso, o ônus de provar e exigir a responsabilidade por descumprimento contratual compete àquele que inadimpliu o pacto. Cabe ao inadimplente demonstrar que não agiu com culpa ou indicar excludente de sua responsabilidade.

Responsabilidade pré-contratual

Quando ocorre a quebra de confiança ou expectativa no tocante à fase preliminar de um contrato, ou seja, se uma das partes deixa de observar o que restou definido em sede de negociação, é possível que se aplique a responsabilidade pré-contratual.

Para Silvio de Salvo Venosa (2021), esse tipo de responsabilidade se manifesta de duas formas: (1) pela recusa em contratar e (2) pelo rompimento das negociação preliminares. Em outras palavras: quando todos os caminhos se direcionam ao fechamento de um contrato, mas, por algum desses motivos, ele não é finalizado.

Venosa (2021) cita como exemplo um comerciante que se recuse, sem motivo plausível, a vender um produto, ou mesmo, em momento já avançado nas tratativas do contrato, simplesmente desista, frustrando injustificadamente a expectativa gerada na outra parte em relação ao contrato, o que gera a possibilidade de uma reparação.

Responsabilidade pós-contratual

Quando nos referimos à responsabilidade pós-contratual, é preciso revisitar a boa-fé, lançada no art. 422 do Código Civil, o qual determina que os contratantes são obrigados, tanto na conclusão quanto na execução do contrato, a atenderem aos requisitos da probidade e da boa-fé.

Com isso, vemos a intenção do legislador de indicar a responsabilidade dos contratantes em todas as fases contratuais, incluindo momento posterior. Isso se deve ao fato de que não são raras as vezes em que um contrato se prolonga no tempo. Como explica Venosa (2021, p. 144):

> Desse modo, essa responsabilidade pós-contratual, ou *culpa post factum finitum*, decorre primordialmente do complexo geral da boa-fé objetiva em torno dos negócios jurídicos. Trata-se de um dever acessório de conduta dos contratantes, depois do término das relações contratuais, que se desprende do sentido individualista do contrato imperante até o século passado e se traduz em um sentido social das relações negociais, como, aliás, propõe o Código Civil. Os contratantes devem assegurar à outra parte a tranquilidade na execução do contrato.

Nesse sentido, a responsabilidade pós-contatual é a forma de garantir que as partes guardem entre si respeito em relação ao que foi convencionado, mesmo depois de findo o contrato.

Lembramos que a realização dos interesses buscados por meio do negócio jurídico deve ser plena e íntegra, razão pela qual pode (e deve) ser observada até mesmo quando já concluído o vínculo obrigacional.

— 6.3 —
Vícios redibitórios

Os vícios redibitórios encontram-se devidamente regulamentados nos arts. 441 a 446 do Código Civil.

Ao nos referirmos a esse tipo de vício, necessariamente invocamos o objeto do contrato, o que deflagra a importância do estudo do tema, já que se relaciona com um dos elementos formativos de um contrato, o que pode influenciar não só a existência e a validade do pacto, mas também os efeitos que ele pode, ou não, gerar, caso esteja eivado por esse tipo de vício.

Por ter impacto no desfecho do vínculo obrigacional, bem como no tratamento legal dado a seus efeitos, analisaremos as principais características e o conceito dos vícios redibitórios.

— 6.3.1 —
Conceito

Os vícios redibitórios são defeitos no objeto do contrato, porém de maneira oculta quando da realização do pacto. Bastante comum nos contratos que envolvem dar ou entregar coisa, os quais têm natureza bilateral e onerosa, o referido vício tem o condão de tornar a coisa (a ser dada ou entregue) imprópria ao uso a que se destinava, ou, ainda, reduzir-lhe o valor.

No contrato cujo objetivo é o de dar certa coisa (objeto), resta claro que ele não se finaliza com a entrega em si, sendo necessário que a coisa atinja a finalidade a que se destina, atendendo plenamente a expectativa e o interesse da outra parte.

Todavia, há situações nas quais a coisa perece e, por isso mesmo, não atinge a destinação e o papel que lhe eram esperados, sobretudo no bojo de um contrato. No momento do cumprimento da prestação, o objeto pode não servir mais ao propósito negociado.

Desse modo, como esclarece Venosa (2021, p. 193):

> Não é qualquer vício que se traduz em redibitório, senão aquele que torna a coisa imprópria para o uso colimado no contrato, ou diminua-lhe o valor. Quem compra um cavalo de corridas portador de uma moléstia respiratória, que o impede de correr, recebe o semovente com vício oculto que o torna impróprio para o uso pretendido. Quem compra um animal para abate,

por outro lado, não pode ver nessa moléstia um vício redibitório. Este deve ser grave, de acordo com o caso concreto, oculto e existente ao tempo da transmissão. Não se confunde o vício redibitório com o erro no negócio jurídico. No erro, o adquirente tem uma ideia falsa da realidade. A deficiência é subjetiva, emanada do próprio declarante da vontade

Como ressalta Venosa (2021, p. 193), o "vício redibitório decorre da própria coisa, que é a verdadeiramente desejada pela parte, e o adquirente não toma conhecimento do defeito, porque está oculto", portanto, em nada se confundindo com eventual erro de negócio, situação na qual aquele que receberá a coisa "forma uma convicção diversa da realidade, a coisa em si não é viciada" (Venosa, 2021, p. 193). Dito isso, Venosa (2021, p. 194) ainda esclarece:

> Se o erro é induzido intencionalmente pelo alienante ou por terceiros, o vício de vontade passa a ser o dolo. No erro, o adquirente recebe uma coisa por outra. O vício redibitório decorre da própria coisa, que é a verdadeiramente desejada pela parte, e o adquirente não toma conhecimento do defeito, porque está oculto. No erro, o declarante forma uma convicção diversa da realidade, a coisa em si não é viciada; ocorre o oposto no vício redibitório. Quem compra um quadro falso, pensando que é verdadeiro, incide em erro. Quem compra um quadro que apresenta fungos invisíveis, e, após a aquisição, vem a mofar, estará perante um vício redibitório. A distinção é importante, visto que gera consequências diversas, a começar por diferentes prazos de decadência.

O art. 445 do Código Civil trata dos prazos que devem ser invocados para fins de reivindicar os efeitos do vício em apreço, determinando que o adquirente terá direito à redibição (anulação do negócio) ou ao abatimento no preço no prazo de 30 dias se a coisa for móvel, e de um ano, se for imóvel. Ambos os prazos são contados da entrega efetiva da coisa.

Caso, no entanto, o vício seja reconhecido somente mais tarde (após a entrega), o prazo terá início a partir da ciência, com prazo máximo de 180 dias para bens móveis e de um ano para bens imóveis.

Aqueles vícios que podem ser facilmente detectáveis, que sejam aparentes e que, pelas próprias características, não influenciam a natureza ou a qualidade da coisa, não a tornando imprópria para o fim a que se destina, não serão passíveis de redibição.

— 6.3.2 —
Efeitos

Uma vez verificado o vício, a parte que se beneficiaria com a coisa e, na verdade, ficou prejudicada pode escolher dois caminhos: o primeiro seria a resolução do pacto (devolução da coisa ou devolução do preço pago pela coisa, geralmente em sede de ação judicial); o segundo seria o abatimento proporcional do valor, ocasião em que a parte fica com o bem, mas terá uma redução no preço eventualmente já pago, conforme o art. 442 Código Civil.

Outra possibilidade frente ao vício é a apuração de perdas e danos. Para tanto, é preciso que se verifique culpa do alienante (ou daquele responsável por dar/entregar a coisa). Significa dizer que, se o alienante sabia do vício ou defeito da coisa, ele deverá devolver aquilo que recebeu pela coisa (preço), acrescido de perdas e danos. Agora, se comprovado o desconhecimento total, resumem-se os efeitos à restituição do valor recebido mais eventuais despesas do contrato.

Dependendo da forma como os vícios redibitórios possam comprometer o contrato e a obrigação nele inerente, é possível abrir espaço para apuração de eventuais danos morais. Nesse sentido, vejamos o Recurso Inominado Cível n. 35043-18.2020.8.16.0182, Relator Juiz Fernando Swain Ganem, julgado no Tribunal de Justiça do Paraná:

> AÇÃO DE INDENIZAÇÃO POR DANOS MORAIS E MATERIAIS. COMPRA E VENDA DE VEÍCULO. **VÍCIOS REDIBITÓRIOS**. VEÍCULO SINISTRADO ADQUIRIDO EM LEILÃO. RESTITUIÇÃO DO SINAL DO NEGÓCIO. **SENTENÇA QUE JULGOU PARCIALMENTE PROCEDENTES OS PEDIDOS PARA CONDENAR A RÉ A RESTITUIR A AUTORA A IMPORTÂNCIA DE R$ 3.000,00 (TRÊS MIL REAIS), BEM COMO A PAGAR R$ 2.000,00 (DOIS MIL REAIS) A TÍTULO DE INDENIZAÇÃO POR DANOS MORAIS.** INSURGÊNCIA RECURSAL DA RECLAMADA. PASSO AO VOTO. [...]. ASSIM, TENDO EM VISTA QUE SOMENTE APÓS O PAGAMENTO DO SINAL A AUTORA TEVE

CONHECIMENTO DE QUE O VEÍCULO ERA SINISTRADO E PROVENIENTE DE LEILÃO, O QUE EVIDENTEMENTE REDUZ O VALOR DO BEM, POSSUI A PRERROGATIVA DE REJEITAR O VEÍCULO, E SOLICITAR O RETORNO DAS PARTES AO STATUS QUO ANTE, NOS TERMOS DO ART. 441 DO CÓDIGO CIVIL. DIANTE DISSO, A RESTITUIÇÃO DO SINAL DO NEGÓCIO É MEDIDA QUE SE IMPÕE. POR FIM, A FALTA DE INFORMAÇÃO CLARA SOBRE O BEM COMERCIALIZADO, BEM COMO A AUSÊNCIA DE DILIGÊNCIA DA RÉ PARA SOLUCIONAR A CONTROVÉRSIA APÓS O PEDIDO DA PARTE DE RESCISÃO CONTRATUAL, CARACTERIZAM EVIDENTES ATOS ILÍCITOS PRATICADOS PELA EMPRESA, OS QUAIS COM FUNDAMENTO NOS ARTS. 186 DO CC E 14 DO CDC, AUTORIZAM A CONDENAÇÃO DA RÉ AO PAGAMENTO DE INDENIZAÇÃO POR DANOS MORAIS. SENTENÇA MANTIDA PELOS PRÓPRIOS FUNDAMENTOS. EXEGESE DO ART. 46 DA LEI 9.099/95. RECURSO CONHECIDO E DESPROVIDO. (Paraná, 2021c, grifo nosso)

Nessa decisão citada, o tribunal reconheceu ato ilício praticado por um dos contratantes, já que, além do vício oculto incidente sobre o bem, a exemplo de um veículo sinistrado que impactaria seu valor de mercado, houve igualmente total falta de empenho e diligência para solução do caso, gerando, assim, o dever de reparar com danos morais arbitrados em dois mil reais.

— 6.4 —
Evicção

A evicção é uma garantia que pode ser incluída em contratos onerosos que tenham por obrigação central o ato de transferir um bem ou uma coisa.

Haja vista que a prestação é a transferência do domínio de um bem, isso deve acontecer de maneira direta, ampla, considerando tanto a posse quanto a propriedade, sem que haja qualquer entrave. Essa é a razão pela qual a evicção pode ser compreendida, segundo Tartuce (2021, p. 260) como "a perda da coisa diante de uma decisão judicial ou de um ato administrativo que a atribui a um terceiro". Quanto aos efeitos da perda, a evicção pode ser total ou parcial, conforme tratam os arts. 447 a 457 do Código Civil.

Caso ocorra algum problema na transferência do bem, portanto, aquele que ficou obrigado a entregar a coisa pode vir a responder pelos danos ocasionados à outra parte.

— 6.4.1 —
Conceito

Como explica Rizzardo (2021, p. 175), na evicção, "o adquirente vem a perder a propriedade ou a posse da coisa por força de uma decisão judicial, que reconhece a uma outra pessoa direito anterior sobre ela".

Nesse sentido, Venosa (2021, p. 210) esclarece:

> Quem transmite uma coisa por título oneroso (vendedor, cedente, arrendante etc.) está obrigado a garantir a legitimidade, higidez e tranquilidade do direito que transfere. Desde que exista equivalência de obrigações para as partes, a garantia faz-se presente. Deve ser assegurado ao adquirente que seu título seja bom e suficiente e que ninguém mais tem direito sobre o objeto do contrato, vindo a turbá-lo, alegando melhor direito. A evicção garante contra os defeitos de direito, da mesma forma que os vícios redibitórios garantem contra os defeitos materiais.

Orlando Gomes (2019), por sua vez, destaca a existência de três tipos de evicção: (1) a reivindicatória, (2) a expropriatória e (3) a resolutória. As características de cada uma delas são:

> Na reivindicatória, resulta da sentença que julgou procedente a ação de reivindicação do proprietário da coisa vendida; expropriatória, quando o bem, já penhorado quando foi vendido, vem a ser alienado em hasta pública; resolutória, se a precedente aquisição do vendedor se resolve por estar subordinada a uma condição resolutiva. A evicção configura-se com a reunião dos seguintes elementos característicos: a) privação do direito do adquirente; b) sentença judicial reconhecendo direito preexistente; c) risco anterior à aquisição da coisa. (Gomes, 2019, p. 94)

Para que a evicção seja verificada, muitos entendem que é preciso a existência de uma decisão judicial. Todavia, conforme entendimento fixado pela jurisprudência pátria, inclusive do Superior Tribunal de Justiça, no Recurso Especial n. 259.726/RJ, a perturbação do direito (perda da posse ou propriedade) capaz de ensejar a evicção de modo a configurar tal vício pode ser originada sem que exista, necessariamente, uma decisão transitada (Venosa, 2021). A evicção pode derivar, até mesmo, de simples ato administrativo.

Nessa esteira, vejamos a ementa do citado Recurso Especial n. 259.726/RJ, Relator Ministro Jorge Scartezzini:

> CIVIL – RECURSO ESPECIAL – EVICÇÃO – APREENSÃO DE VEÍCULO POR AUTORIDADE ADMINISTRATIVA – DESNECESSIDADE DE PRÉVIA SENTENÇA JUDICIAL – RESPONSABILIDADE DO VENDEDOR, INDEPENDENTEMENTE DA BOA-FÉ – ART. 1.107, DO CC DE 1916 – DISSÍDIO PRETORIANO EXISTENTE E COMPROVADO.
>
> 1 – Divergência jurisprudencial demonstrada entre o v. aresto recorrido e os paradigmas trazidos à colação. Matéria devidamente prequestionada, afastando-se a incidência da Súmula 356/STF. Recurso conhecido por ambas as alíneas.
>
> 2 – A evicção é uma forma de garantia, um elemento natural dos contratos onerosos, que se apresenta onde haja obrigação de transferir o domínio, posse ou uso de uma determinada coisa. Como consequência, ao alienante cabe resguardar o adquirente dos riscos por ela produzidos, a não ser

que estipulem expressamente em sentido contrário, ou seja, pela dispensa da garantia. Tal responsabilidade, independe da boa-fé ou não do vendedor, sendo, no silêncio das partes, subentendida. Inteligência do art. 1.107, do Código Civil de 1916.

2 – Outrossim, na esteira de precedentes desta Corte (cf. RESP n. 19.391/SP e 129.427/MG) "para exercício do direito que da evicção resulta ao adquirente, não é exigível prévia sentença judicial, bastando que fique ele privado do bem por ato de autoridade administrativa".

3 – Recurso conhecido, por ambas as alíneas, e provido para, reformando in totum o v. acórdão de origem, julgar procedente o pedido, condenando a recorrida ao pagamento de CR$ 550.000,00, corrigidos monetariamente, com a devida conversão da moeda, e com juros de mora a partir da citação. Ficam invertidos os ônus sucumbenciais fixados na r. sentença monocrática, que deverão incidir sobre o valor da condenação. (Brasil, 2004c)

Portanto, de acordo com Venosa (2021, p. 213), podemos concluir que:

A doutrina vinha dogmaticamente repetindo essa exigência de origem romana. A realidade do mundo negocial já não permite uma posição dogmática. A esse respeito, podemos perguntar qual a diferença entre o adquirente de imóvel que o perde por decisão judicial, porque o alienante não era proprietário, e o adquirente de veículo, que o perde porque a autoridade policial o apreende por se tratar de coisa furtada com documentação falsificada, mas emitida pelo Estado. Destarte, temos acompanhado sem rebuços essa corrente jurisprudencial que entende ser a apreensão administrativa, nessas premissas, equivalente a uma decisão judicial, dentro do espírito do instituto.

Conforme já indicado, a evicção encontra-se devidamente regulamentada no Código Civil nos arts. 447 a 457, os quais serão analisados a seguir.

— 6.4.2 —
Efeitos

A evicção surte efeitos, principalmente, ao adquirente, aquele que é o destinatário da coisa ou bem (denominado *evicto*). Em primeiro lugar, tem-se a restituição do preço pago, já que a coisa que foi entregue não atingiu a finalidade proposta. Além disso, pode ser incluída eventual indenização, caso existam frutos do bem. Igualmente, pode ocorrer indenização das despesas do contrato e eventuais prejuízos, os quais sejam consequência direta da evicção.

Por fim, pode haver o reembolsado de possíveis custas judiciais, incluindo honorários advocatícios, tudo conforme preceitua o art. 450 do Código Civil.

Conforme o grau do vício e o nível de impacto que ele pode gerar, cabe ao evicto optar pela rescisão do contrato ou pela restituição do preço equivalente ao prejuízo sofrido. Como esclarece Venosa (2021, p. 220):

O evicto pode perder toda a coisa ou parte dela, daí a possibilidade de evicção total ou parcial. A evicção parcial pode referir-se à parte de um todo: o adquirente de um imóvel rural perde para o terceiro parte dele. Pode ocorrer que haja um conjunto de bens na coisa vendida, e apenas alguns são perdidos: é vendida uma biblioteca e parte dos livros é reivindicada. A exemplo dos vícios redibitórios, o evicto pode escolher entre duas ações, a ação de evicção ou a de indenização pela perda (a lei fala em *desfalque*). Vale o princípio de que, eleita uma via processual, não é possível o retorno a outra. Para que essa escolha opere, a lei exige que a evicção seja considerável, o que se apurará no caso concreto.

Na hipótese de a evicção ocorrer parcialmente e sem grandes prejuízos, ou seja, quando seus efeitos não forem tão severos, o evicto pode requerer apenas uma indenização, de acordo com o art. 455 do Código Civil.

No estudo da evicção, também é relevante averiguar o conhecimento prévio do evicto sobre a possibilidade de perder a coisa objeto do negócio jurídico. Nesse sentido, o art. 457 do Código Civil dispõe que não pode ser suscitada a evicção se for verificado o conhecimento antecedente de que a coisa era alheia ou litigiosa.

Como nota acerca da aplicabilidade prática do tema em análise, trazemos à baila o Recurso Especial n. 1.332.112-GO, Relator Ministro Luís Felipe Salomão, julgado em 21 de março de 2013 no Superior Tribunal de Justiça, sobre o momento ideal para que a evicção seja invocada e, com isso, sejam iniciadas as tratativas necessárias para seu reconhecimento. Somente assim seus efeitos poderão ser observados. Vejamos:

> Para que o evicto possa exercer os direitos resultantes da evicção, na hipótese em que a perda da coisa adquirida tenha sido determinada por decisão judicial, não é necessário o trânsito em julgado da referida decisão. A evicção consiste na perda parcial ou integral do bem, via de regra, em virtude de decisão judicial que atribua seu uso, posse ou propriedade a outrem em decorrência de motivo jurídico anterior ao contrato de aquisição. Pode ocorrer, ainda, em razão de ato administrativo do qual também decorra a privação da coisa. A perda do bem por vício anterior ao negócio jurídico oneroso é o fator determinante da evicção, tanto que há situações em que os efeitos advindos da privação do bem se consumam a despeito da existência de decisão judicial ou de seu trânsito em julgado, desde que haja efetiva ou iminente perda da posse ou da propriedade e não uma mera cogitação da perda ou limitação desse direito. Assim, apesar de o trânsito em julgado da decisão que atribua a outrem a posse ou a propriedade da coisa conferir o respaldo ideal para o exercício do direito oriundo da evicção, o aplicador do direito não pode ignorar a realidade comum do trâmite processual nos tribunais que, muitas vezes, faz com que o processo permaneça ativo por longos anos, ocasionando prejuízos consideráveis advindos da constrição imediata dos bens do evicto, que aguarda, impotente, o trânsito em julgado da decisão que já lhe assegurava o direito. Com efeito, os civilistas contemporâneos ao CC/1916 somente admitiam a evicção mediante sentença transitada em julgado, com base no art. 1.117, I, do referido código, segundo o qual o adquirente não

poderia demandar pela evicção se fosse privado da coisa não pelos meios judiciais, mas por caso fortuito, força maior, roubo ou furto. Ocorre que o Código Civil vigente, além de não ter reproduzido esse dispositivo, não contém nenhum outro que preconize expressamente a referida exigência. Dessa forma, ampliando a rigorosa interpretação anterior, jurisprudência e doutrina passaram a admitir que a decisão judicial e sua definitividade nem sempre são indispensáveis para a consumação dos riscos oriundos da evicção. (Brasil, 2013b).

Por fim, ressaltamos que a evicção e seus efeitos decorrem de lei, razão pela qual se dispensa previsão nesse sentido em contrato.

Isso não impede, porém, que as partes possam negociar sobre esse ponto. Se optarem, podem, sim, incluir previsão expressa com o fito de determinar a dispensa da garantia, por exemplo, ou abrandar os efeitos e, até mesmo, acirrar ainda mais as consequências. Tudo isso ocorre conforme prevê o art. 448 do Código Civil.

— 6.5 —
Revisão dos contratos

Como visto anteriormente, a força obrigatória dos contratos (corolário do *pacta sunt servanda*) não se aplica mais de modo absoluto. Com isso, abriu-se oportunidade para que os pactos possam ser revistos, sobretudo em razão da boa-fé e da função social dos contratos. Isso porque, como defende Venosa (2021, p. 122):

> a nova concepção do contrato, suas novas funções desempenhadas na sociedade e no Estado modernos exigem, por exceção, uma atenuação do princípio geral. Pelo princípio fundamental da obrigatoriedade das convenções, não é dado a uma das partes alterar a avença unilateralmente, ou pedir ao juiz que o faça. A vontade conjunta dos contratantes, como é curial, pode evidentemente revisar e alterar o pactuado, dentro dos princípios de sua autonomia. A revisão, que os próprios contraentes podem fazer em complemento a seu acordo de vontades, terá em mira substituir cláusulas, esclarecê-las, interpretá-las ou integrá-las.

Por esse motivo, no estudo mais atualizado dos contratos, é preciso analisar algumas situações que dão motivo à possibilidade de revisão daquilo que restou pactuado.

O escopo dessa temática está, justamente, em preservar a essência da negociação, bem como a obrigação que embasa o contrato, tendo por enfoque a continuidade do pacto, diminuindo as hipóteses de extinção ou desfazimento do contrato, uma vez que, de acordo com Lôbo (2021, p. 82):

> Os contratos são suscetíveis de revisão, por força expressa de lei ou por decisão judicial. A revisão legal ou judicial limita a força obrigatória dos contratos, porque importa fator externo de ajustamento e reequilíbrio das prestações. Não havendo acordo, a revisão será sempre objeto de decisão judicial.

Portanto, mesmo preservando a autonomia de vontade das partes, os contratos podem sofrer adaptações conforme ocorram mudanças no cenário de execução e que possam impactar o cumprimento da obrigação. É o que veremos a seguir.

— 6.5.1 —
Teoria da imprevisão

A regra geral quanto à possibilidade de revisão dos contratos remonta ao fato de que:

> O princípio da obrigatoriedade dos contratos não pode ser violado perante dificuldades comezinhas de cumprimento, por fatores externos perfeitamente previsíveis. O contrato visa sempre a uma situação futura, um porvir. Os contratantes, ao estabelecerem o negócio, têm em mira justamente a previsão de situações futuras. A *imprevisão* que pode autorizar uma intervenção judicial na vontade contratual é somente a que refoge totalmente às possibilidades de previsibilidade. [...] Desse modo, questões meramente subjetivas do contratante não podem nunca servir de pano de fundo para pretender uma revisão nos contratos. A imprevisão deve ser um fenômeno global, que atinja a sociedade em geral, ou um segmento palpável de toda essa sociedade. (Venosa, 2021, p. 123)

O Código Civil não traz previsão expressa sobre a chamada *teoria da imprevisão*, mas trata da onerosidade excessiva, seu elemento principal. Com isso, mesmo não havendo tratamento legal acerca da teoria da imprevisão no código civilista, os fundamentos para a revisão contratual estão lançados no texto legal.

O art. 478 do Código Civil prevê que, nos contratos de execução continuada, ou seja, que se prolongam no tempo, se a prestação devida por uma das partes se tornar muito onerosa, com cumprimento penoso para um e extrema vantagem para outro, e isso decorrer de acontecimentos extraordinários e imprevisíveis, é possível que aquele que esteja na posição de devedor, que esteja sofrendo com a prestação extremamente onerosa, possa pedir a resolução do contrato.

Isso porque aquilo que serviu de base para a celebração do contrato, ou a realidade fática que existia no momento da comunhão de vontades, pode não mais subsistir, tendo sofrido modificações significativas, impactando a execução e a conclusão do contrato. Para Rizzardo (2021, p. 139):

> Atualmente, a doutrina e a jurisprudência procuram suprir a inércia das legislações que não evoluíram neste campo do direito. Assim, tolera-se o reajustamento da prestação por equidade, em virtude da alteração do ambiente objetivo existente na formação do contrato, decorrente de circunstâncias imprevistas e imprevisíveis, como em casos de alta súbita de certa matéria-prima, utilizada na fabricação de um produto combinado por um preço determinado; e de contratos de longa duração e execução sucessiva, sobrevindo situações tais, que se pudessem ser previstas, o ajuste ou não seria celebrado, ou se faria com cláusulas diversas.

Na mesma toada, o legislador trouxe a possibilidade de revisão contratual, o que encontra guarida no art. 479 do Código Civil. Com isso, de acordo com Lôbo (2021, p. 82):

> Vários são os instrumentos de intervenção judicial para a revisão dos contratos de que o direito contemporâneo lança mão: nulidade total, nulidade parcial, redução de encargos desproporcionais, conservação do contrato, conversão do contrato nulo, interpretação do contrato em conformidade com os princípios fundamentais, integração dos deveres gerais de conduta. [...] Como a autonomia privada negocial não consegue mais ser o único fundamento idôneo dos modelos contratuais distintos, notadamente os que escapam ao modelo paritário, a doutrina civilista tem se valido cada vez mais de um pressuposto hermenêutico desenvolvido no âmbito do direito público, a saber, o da razoabilidade ou da proporcionalidade, de modo a favorecer a plena aplicação do princípio da equivalência material. A razoabilidade é instrumento de medida e de sanção, ou seja, se do exame de sua incidência resulta uma desproporção que afeta a equivalência do contrato, ela permite sua revisão na medida necessária para restabelecer o equilíbrio violado. A razoabilidade serve também como limite da intervenção judicial, pois a revisão do contrato somente é admitida enquanto tenda à conservação do contrato e na medida necessária para restabelecer o equilíbrio.

Conforme se extrai da leitura da lei civilista, nem sempre a resolução será o caminho. Ela pode ser evitada na hipótese de que aquele que não foi afetado com o agravamento das prestações não se oponha a eventuais modificações, desde que realizada de maneira equitativa, alterando, assim, as condições do contrato para que ela possa ser cumprida, conforme prevê o art. 479 do Código Civil.

O art. 480 do Código Civil também contempla a tentativa de evitar a resolução do contrato. Desta feita, quando as obrigações inerentes ao pacto competirem a apenas uma das partes, ela pode buscar a redução de sua prestação, ou, ainda, a alteração da forma como é cumprida, justamente como possibilidade de permitir que o adimplemento seja amoldado às condições da parte.

Como reforça Rizzardo (2021, p. 139), a imprevisibilidade é aquela que importa em "acontecimentos extraordinários de grande alcance, a ponto de determinar uma dificuldade intransponível ao contratante devedor, tornando a obrigação excessivamente onerosa, e redundando, para o credor, um proveito muito alto".

Nesse sentido, o Enunciado n. 366[1] do Conselho de Justiça Federal consolidou o entendimento de que a imprevisão apta a ensejar a revisão contratual deve ser derivada de um fato extraordinário, que não está (nem estaria) englobado nos riscos próprios e naturais da contratação (Brasil, 2007a). Em outras palavras, deve ser algo totalmente inesperado pelas partes.

---

1 "O fato extraordinário e imprevisível causador de onerosidade excessiva é aquele que não está coberto objetivamente pelos riscos próprios da contratação" (Brasil, 2007a, p. 46).

No estudo e na aplicabilidade da teoria da imprevisão, também é possível a aplicação da regra do art. 317 do Código Civil. Esse dispositivo determina que, ao se verificar motivo imprevisível, cujo efeito seja uma desproporção significativa entre o valor da prestação (considerando aquele previsto no momento da contratação) em contraposição com o momento da execução, é possível a revisão judicial do contrato. Como argumenta Lôbo (2021, p. 82):

> No CC/2002 ampliou-se, consideravelmente, o poder do juiz para revisar o contrato, de modo que este não seja instrumento de iniquidade. Ao juiz é dada a moldura normativa, mas o conteúdo deve ser preenchido na decisão de cada caso concreto, motivadamente, inclusive se valendo dos princípios jurídicos e de conceitos indeterminados integrados ao sistema jurídico.

Logo, o juiz pode corrigir a previsão contratual desproporcional, a pedido da parte, de modo a se assegurar um valor da prestação mais próximo da realidade. Todavia, Venosa (2021, p. 124) ressalta:

> Em sede de revisão e intervenção judicial, estas se justificam quando surge uma circunstância superveniente ao contratado, imprevista e imprevisível, alterando-lhe totalmente o estágio fático. Até que a previsão pode ser possível, mas sua ocorrência é que deve ser muito improvável de acontecer. [...] Não podemos, contudo, obstar a apreciação da revisão judicial, uma vez que a experiência e a prática demonstraram que,

sem a intervenção judicial, importantes segmentos sociais seriam levados à penúria. Sempre deve imperar o bom senso, que felizmente tem sido apanágio de nossos tribunais. Com o instrumento da intervenção à mão dos juízes, concede-se um meio de evitar as temidas iniquidades, sem quebra dos princípios tradicionais orientadores dos contratos.

Com isso, a teoria da imprevisão busca, na verdade, a manutenção do pacto, de modo a honrar aquilo que restou ajustado entre as partes, porém possibilitando a revisão de seus termos em face de mudanças significativas nas bases contratuais.

Cláusula *rebus sic stantibus*

A cláusula *rebus sic stantibus* é a forma pela qual a teoria da imprevisão se verifica na prática. A regra geral dos contratos, como visto, é a do cumprimento que ocorra nas mesmas condições do que foi pactuado. Isso, porém, acontece quando resta inalterada a situação de fato que embasou a formação do contrato, mas, diante de mudanças inesperadas, os contratantes podem socorrer-se da teoria da imprevisão, como já abordamos.

Essa teoria, por sua vez, exige, de maneira inequívoca, a ocorrência de fato extraordinário capaz de modificar as bases contratuais. Logo:

> A cláusula serviu de lastro para construções engenhosas de equidade contratual, tais como a teoria da imprevisão, a teoria da resolução por onerosidade excessiva, a teoria da pressuposição, a teoria da base objetiva do negócio, esta última a

que mais influenciou a dogmática jurídica nas últimas décadas. Todas essas formulações têm em comum a preservação da equidade ou do equilíbrio contratual e a vedação do enriquecimento sem causa. (Lôbo, 2021, p. 88)

Como já destacado, ainda que não haja previsão expressa acerca da teoria da imprevisão, ela encontra guarida no âmbito da onerosidade excessiva, sobretudo na leitura dos arts. 478 a 480 do Código Civil, os quais, segundo Negrão (2020, p. 235), "limitam a austeridade da força obrigatória do contrato e sucedem à construção jurisprudencial que, adotando a teoria *rebus sic stantibus*, isto é, 'estando assim as coisas', permitia a revisão contratual se a situação no momento em que o contrato foi firmado sofresse alteração".

Assim, nos contratos em que são previstas prestações sucessivas (que se prolongam no tempo), a cláusula *rebus sic stantibus*, mesmo implícita, traz em seu bojo a desnecessidade de rigidez da obrigação caso sobrevenha situação que mude a base fática da negociação, de modo que o próprio pacto já não consiga permanecer o mesmo.

Nessa linha de raciocínio, Gomes (2019, p. 174, grifo do original) defende que:

> Quer se explique a resolução do contrato por se considerar subentendida a cláusula *rebus sic stantibus*, quer pela *teoria da imprevisão*, ou das *bases de negócio*, a verdade é que, no Direito moderno, a alteração radical das condições econômicas, nas

quais o contrato foi celebrado, tem sido considerada uma das causas que, com o concurso de outras circunstâncias, podem determinar sua resolução. Um dos principais avanços do Código Civil de 2002 em matéria contratual encontra-se nos arts. 478 a 480. Referimo-nos à *excessiva onerosidade superveniente*, causa não somente de *resolução*, mas também de *revisão* dos contratos.

Esse é o cenário pelo qual a revisão do contrato é possível e se encontra previsto do direito brasileiro.

— 6.6 —
Extinção do contrato

A extinção, por certo, desemboca no fim de um contrato. Em outras palavras, o pacto e a obrigação nele subjacentes deixam de existir, de serem exigíveis.

A extinção pode derivar de diferentes motivos, tal como ocorre com a quitação ou com o decurso do prazo do contrato (quando obrigações estejam cumpridas).

Como bem explica Gomes (2019, p. 165), caso "cumpridas as obrigações, o contrato está executado, seu conteúdo esgotado, seu fim alcançado", e com isso opera-se a extinção.

O Código Civil trata da extinção nos arts. 472 a 480, cujas principais características serão analisadas a seguir.

Resilição

Pelo fenômeno da resilição, o contrato deixa de existir como derivação direta da manifestação de vontade das partes. Segundo Gomes (2019, p. 181, grifo do original), por resilição:

> designa-se o *modo de extinção* dos contratos por vontade de um ou dos dois contratantes. O vocábulo não é de uso corrente entre nós. Emprega-se, de preferência, *rescisão*, e, com menor frequência, *ruptura*. [...] Neste sentido é, propriamente, o acordo de vontades para pôr termo a um contrato, *desfazimento*, de comum acordo, do laço que prendia os contraentes. Sua forma pura é, assim, o *distrato*, mas também sucede pela vontade de um só dos contratantes. Há, portanto, *resilição bilateral e unilateral*.

No âmbito da resilição, não se fala em descumprimento, ou inadimplemento, já que, como destacado, ele decorre da vontade das partes, haja vista a intenção de não mais prosseguir com o vínculo contratual.

Conforme indicado no trecho antes destacado, a resilição pode ser bilateral ou unilateral. Nessa tangente, Gomes (2019, p. 181-182, grifo do original) explica:

> A *resilição bilateral* é modalidade de revogação que se realiza pelo *contrarius consensus*. As próprias partes do contrato deliberam dissolvê-lo mediante negócio extintivo. O que criaram pela vontade comum pela vontade comum destroem.

E assim o vínculo contratual pode, a todo tempo, desatar-se pelo concurso das vontades que o procriaram. O modo normal de *resilição bilateral* é o *distrato*, negócio jurídico pelo qual as partes, declarando conjuntamente a vontade de dar cabo do contrato, rompem o vínculo, extinguindo a relação jurídica. É, em síntese, um contrato para extinguir outro. Mas também há *resilição convencional* quando no próprio contrato se atribui a *faculdade de resilir* a qualquer dos contratantes. [...] Na *resilição unilateral dos contratos por tempo indeterminado*, presume a lei que as partes não quiseram se obrigar perpetuamente, e, portanto, que se reservaram a faculdade de, a todo tempo, resilir o contrato. O *fundamento do poder de resilir* seria, assim, a vontade presumida das partes.

Logo, será bilateral, quando há comunhão de vontades e acordo entre os sujeitos do contrato, dando ensejo ao chamado *distrato*, conforme determina o art. 472 do Código Civil. Será, porém, unilateral, na hipótese em que uma das partes não quer continuar com o vínculo, surgindo, nesse contexto, a figura da denúncia, mediante comunicado à outra parte (notificação), tudo conforme estipula o art. 473 do Código Civil.

Quitação

Consideramos quitação quando se quer mencionar o cumprimento, ou o adimplemento, da prestação, ou seja, quando aquilo que se esperava de um negócio jurídico é cumprido. Isso porque os contratos servem justamente para atingir um fim ou garantir interesses dos que dele fazem parte.

Para que isso aconteça, é necessário que os contratos sejam executados pelas partes contratantes seguindo o que foi determinado em sede de obrigações. Esse é o motivo pelo qual, inclusive, o adimplemento da obrigação é a via habitual de extinção do contrato.

Desse modo, como esclarece Rizzardo (2021, p. 194):

> Trata-se da execução normal, e, assim, chegando ao seu final, a extinção opera-se de forma também normal. Termina a relação criada porque desempenhada a conduta que vinha imposta. Uma vez satisfeito o objeto, não mais perdura, e esvaiu-se a sua existência. Deu-se o que os romanos chamavam de *solutio*, que leva ao fim natural, com o que se libera o devedor e dá--se a satisfação do direito do credor. Advém do pleno cumprimento a quitação, a qual representa a chancela fornecida pelo credor de que houve o cumprimento, ou o atestado de que está ele totalmente satisfeito, e nada mais tem a receber

Com a extinção mediante o cumprimento da obrigação, exsurge a figura da quitação. O art. 320 do Código Civil trata dos requisitos mínimos para que esse documento seja emitido, como explica Rizzardo (2021, p. 194):

> Advém do pleno cumprimento a quitação, a qual representa a chancela fornecida pelo credor de que houve o cumprimento, ou o atestado de que está ele totalmente satisfeito, e nada mais tem a receber. Fornece-se um documento escrito, com dizeres conclusivos do pagamento. Mas, não é indispensável o seu fornecimento para revelar a quitação. A posse ou a

detenção dos recibos dos pagamentos parciais representa a quitação total da dívida. E a quitação da última quota estabelece, até prova em contrário, a presunção de estarem solvidas as quotas anteriores – art. 322 do Código Civil. Em termos gerais, para dissuadir qualquer probabilidade de dúvida, arrola o Código Civil, no art. 320, vários os requisitos que terá a quitação, podendo vir expressa em instrumento particular, como o valor e a espécie da dívida, o nome do devedor ou de quem por este pagou, o tempo e o lugar em que ocorreu e a assinatura do credor

São indicativos, portanto, que devem constar na quitação: o valor e a espécie da dívida quitada, o nome do devedor, ou de quem pagou em nome dele, o tempo e o lugar do pagamento, a assinatura do credor ou de seu representante.

Ainda que os elementos antes destacados não estejam indicados no recibo, mesmo assim a quitação surtirá seus efeitos, mormente se for possível extrair que a dívida foi paga.

Ocorrida a quitação, por consequência lógica, temos declarado o fim de débitos ou créditos entre as partes. O caminho, portanto, é a extinção do contrato.

Por morte

A morte de um dos contratantes também pode levar ao fim do contrato. Nesse sentido, Gomes (2019, p. 186) assim esclarece:

> Entre as causas de extinção dos contratos, a *morte* de um dos contratantes ocupa lugar à parte. Sua inclusão nos outros modos de dissolução não tem realmente cabimento. Não é

possível afirmar-se que *resolve* o contrato. Sem dúvida, impossibilita sua execução, ou faz cessá-la definitivamente, mas, a rigor, não pode ser considerada *inexecução involuntária*, porque seus efeitos não se igualam aos do caso fortuito. Não se justifica, também, enquadrá-la entre as causas de *resilição*, como procede a doutrina francesa, pois a resilição se caracteriza por ser consequência de manifestação da vontade de um ou dos dois contratantes.

A extinção do pacto por morte de um dos contratantes se mostra ainda mais premente quando se trata de uma relação de natureza personalíssima, com obrigação de caráter *intuitu personae*, a exemplo da fiança (Tartuce, 2021a).

Ocorrida a morte, o contrato se encerra (extingue) de pleno direito.

— 6.7 —
Resolução do contrato

A resolução contratual relaciona-se diretamente com a inexecução, o inadimplemento, o eventual atraso ou o cumprimento incompleto por parte de um dos sujeitos da relação, de maneira que:

> Resolver o contrato é extingui-lo com efeitos retroativos (*ex tunc*), por ato ou pedido judicial de uma das partes, em virtude do inadimplemento da outra. A resolução é a modalidade mais forte de extinção voluntária, porque atinge todos os efeitos

do contrato, desde sua constituição. A resolução é possível quando a irreversibilidade do tempo não impedir a desconstituição total do contrato, desde seu início. Com a resolução, há restituição recíproca das prestações já feitas, mas a parte prejudicada tem direito às penalidades contratuais e às perdas e danos. (Lôbo, 2021, p. 85)

A resolução, portanto, revela-se como a possibilidade de extinção de um contrato, sendo ele resolvido desde que verificada, como ressalta Rizzardo (2021, p. 195):

> falta de cumprimento, de inadimplemento, sempre superveniente, ou ocorrendo depois da formação do contrato. Há a resolução voluntária, decorrente da deliberada vontade de não cumprir; a resolução involuntária, a qual está baseada na impossibilidade absoluta, sem culpa do devedor, como na abrupta mudança das circunstâncias objetivas existentes quando da efetivação do contrato, ou quebra da base objetiva do negócio, na ocorrência da onerosidade excessiva, na verificação do caso fortuito ou de força maior.

A resolução como uma das maneiras de extinção do contrato pode ocorrer de modo tácito, de maneira expressa ou, ainda, derivar de fatores que não necessariamente demandam um ato ou omissão das partes, como ocorre com a onerosidade excessiva. Dito isso, Lôbo (2021, p. 85) afirma:

Todo contrato contém cláusula resolutiva expressa ou tácita, que leva à sua extinção, quando ocorrer inadimplemento. O contrato pode ter previsto que basta o inadimplemento parcial para sua resolução ou ter exigido a comprovação do inadimplemento total. Assim, dispõe o CC, art. 474, que a cláusula resolutiva expressa opera de pleno direito, sem necessidade de intervenção judicial, enquanto a tácita depende de interpelação judicial, requerida pela parte prejudicada.

No entanto, ressaltamos que, até o momento em que reconhecida a resolução do contrato, há a retroatividade, pois, mesmo com o fim do vínculo entre as partes, os direitos de terceiros e as prestações já cumpridas ficam salvaguardadas (Venosa, 2021).

A seguir, analisaremos algumas das características acerca da resolução tácita, expressa ou por onerosidade para fins de verificar os efeitos de cada uma dessas espécies no que tange à extinção do contrato.

Resolução expressa

A resolução expressa consubstancia-se em cláusula própria prevista no contrato, de modo que, como esclarece Rizzardo (2021, p. 262), "por esta cláusula, já vem prevista no contrato a plena resolução no caso de inadimplemento, sem necessidade de prévia interpelação constitutiva da mora [...] verificada a inadimplência, dá-se de pleno direito o vencimento, ou a resolução do contrato".

Mesmo que, em um primeiro momento, possamos cogitar que a resolução em caso de cláusula expressa se opere de maneira automática, na prática, não é assim que ocorre. Não são raras as vezes em que se torna necessário interpelação judicial ou extrajudicial para que a cláusula resolutiva seja realmente verificada. Por esse motivo, como esclarece Venosa (2021, p. 162):

> Quando as partes estipulam no contrato que o descumprimento de qualquer de suas cláusulas autoriza a resolução dos contratos, estamos perante uma *cláusula resolutória expressa*, que legitima a resolução por iniciativa de uma delas. [...] Essa cláusula autoriza a parte a considerar resolvido o contrato em face de inadimplemento. No entanto, uma compreensão apressada do instituto poderia supor que se afasta sistematicamente uma declaração judicial na hipótese. Não é o que acontece na maioria das vezes. Quando se dá por resolvido um contrato, há outros efeitos concretos de que necessitam as partes, além do singelo desfazimento. Basta lembrar que o inadimplemento culposo acarreta o dever de indenizar, que só pode ser obtido, em princípio, com uma sentença.

O art. 474 do Código Civil traz claramente o efeito dessa previsão, no sentido de operar-se de pleno direito. Contudo, **a importância de uma comunicação prévia (notificação) ou demanda judicial remonta justamente na limitação da resolução e seus efeitos, sobretudo com relação ao inadimplemento,** de modo a indicar o que deixou de ser cumprido.

Resolução tácita

O já mencionado art. 474 do Código Civil prevê que, mesmo que as partes não tragam no pacto cláusula expressa, subsiste a possibilidade de resolução. A diferença é que ela acontecerá tacitamente. Na verdade, "por disposição legal, há, em todo contrato bilateral, implicitamente, uma *cláusula resolutiva*, pela qual a inexecução de uma parte autoriza a outra a pedir a resolução" (Gomes, 2019, p. 168).

Ocorrido o inadimplemento, exige-se a interpelação judicial, pois somente assim verifica-se a resolução.

Como afirma Venosa (2021, p. 163), "a diferença entre o pacto comissório tácito e o pacto comissório expresso é que, se a cláusula não está expressa no contrato, pode ele, também, resolver-se por inadimplemento, mas a notificação é essencial para conferir ao devedor uma derradeira oportunidade de cumpri-lo".

Alguns autores defendem que todos os contratos, indistintamente, contêm a previsão de resolução, já que a resolução tácita poderia ser invocada em qualquer negócio jurídico contratual.

Resolução por onerosidade excessiva

Se há a possibilidade de revisão contratual por onerosidade excessiva, como já visto anteriormente, por certo que esse cenário também se aplica na hipótese de possível resolução de um pacto.

Se uma negociação para fins de revisão ou readequação for superada, resta cabível a resolução do contrato, como forma de se evitar a continuidade de um contrato em evidente desequilíbrio, caso tenha ocorrido fato superveniente e imprevisível, a teor do que estabelece o art. 478 do Código Civil.

De acordo com esse dispositivo, nos contratos de execução continuada, havendo excessiva onerosidade da prestação devida por uma das partes e, em contrapartida, ocorrendo uma vantagem extrema para a outra parte do pacto, e isso em função de fatos extraordinários e imprevisíveis, aquele que figura como devedor pode buscar a resolução do contrato. Os efeitos dessa resolução declarada em sentença retroagirão à data da citação.

Da leitura do referido artigo, vemos que o ingresso com respectiva medida judicial, para fins de implementar a resolução, é medida que se impõe. Nessa esteira, Tartuce (2021a, p. 303) argumenta: "pode-se sustentar a previsão legal, eis que a extinção do contrato é medida extrema, somente possível em casos de situação insustentável para uma das partes, decorrente de evento totalmente imprevisível e extraordinário, tendo em vista a valorização da conservação contratual".

Para que a onerosidade excessiva seja observada e reconhecida, inclusive com o fito de dar ensejo à resolução contratual, é necessário: que se trate de um pacto de execução continuada, ou seja, que se prolonga no tempo; que ocorra um fato superveniente (pós-elaboração do pacto), extraordinário e imprevisível; que nenhuma das partes tenha colaborado para a situação (daí porque se tratar de algo imprevisível); que haja onerosidade extrema para uma das partes e vantagem exagerada para a outra.

Mesmo que a resolução por onerosidade excessiva seja prevista em lei, do ponto de vista prático, sua utilização acaba sendo subsidiária ou alternativa. O motivo é que a manutenção do pacto, com a revisão daquilo que pode estar influenciando sua execução, é a principal opção, preferindo-se seu prosseguimento.

— 6.8 —
Espécies de contratos

Em continuidade à análise dos contratos, estudaremos algumas das espécies contratuais tratadas pelo ordenamento jurídico brasileiro, sendo a principal fonte o próprio Código Civil. Além desse marco legislativo, também existem leis especiais que trazem previsões específicas a respeito de alguns contratos, a exemplo da locação de imóveis urbanos, regulamentada pela Lei n. 8.245, de 18 de outubro de 1991 (Brasil, 1991).

O Código Civil, no Título VI, intitulado *Das Várias Espécies de Contrato*, traz uma série de previsões acerca de diferentes tipos contratuais, como é o caso da compra e venda, uma das espécies mais comuns em termos de negociações. Da mesma forma, estão os contratos de locação, de prestação de serviços, de seguro, entre outros, conforme inferimos dos arts. 481 até 853 do Código Civil.

Os efeitos que decorrem de cada um dos contratos seguem aquilo que se tem previsto em termos legais, respeitando, por certo, aquilo que é comum em qualquer pacto, mas também sem perder de vista eventuais previsões específicas.

Primeiro, todos os contratos vinculam as partes no tocante ao que restou pactuado. Geram obrigações que devem ser cumpridas, sob pena de inadimplemento e consequências daí derivadas, inclusive a possibilidade de execução forçada e perdas e danos.

Quando há um contrato bilateral, não pode um contratante, antes de cumprir aquilo com o que se obrigou, exigir que o outro cumpra com o que lhe compete.

Os efeitos contratuais, de regra, atingem mais diretamente os próprios sujeitos. Todavia, é certo que esses efeitos também podem atingir terceiros, os quais tenham eventuais interesses (diretos ou indiretos) no negócio firmado.

Em suma, ao analisar os efeitos de um contrato, dois planos exsurgem: um amplo, aplicável a todos ou à maioria dos contratos; outro mais limitado, de acordo com as especificidades de cada tipo contratual. Feito esse introito, é de suma importância a verificação dos diferentes tipos contratuais – o que será feito a seguir.

— 6.8.1 —
Contratos por adesão

Antes de iniciarmos o estudo das espécies contratuais propriamente ditas, não há como deixar de tecer, ainda que breves, algumas considerações sobre os chamados *contratos por adesão*, sob a ótica da defesa do consumidor.

Isso porque o art. 54 do Código de Defesa do Consumidor traz à baila que, quando o pacto é firmado de modo que suas previsões sejam aprovadas por autoridade ou determinadas unilateralmente (por apenas uma das partes, geralmente o fornecedor de produtos ou serviços), sem que a outra parte tenha oportunidade de discutir ou mudar seu conteúdo, estamos diante de uma contratação adesiva (Brasil, 1990).

Sobre o tema, assim esclarece Gomes (2019, p. 104):

> Grande esforço tem a doutrina empregado para explicá-la à luz dos conceitos tradicionais, mas sérias dificuldades se apresentam porque, como se tem observado, sua estrutura não se ajusta bem no esquema clássico do contrato. O *contrato de adesão* caracteriza-se por permitir que seu conteúdo seja pré-construído por uma das partes, eliminada a livre discussão que precede normalmente a formação dos contratos, mas até este seu traço distintivo continua controvertido. [...] No *contrato de adesão* uma das partes tem de aceitar, em bloco, as cláusulas estabelecidas pela outra, aderindo a uma situação contratual que encontra definida em todos os seus termos. O consentimento manifesta-se como simples *adesão* a conteúdo preestabelecido da relação jurídica.

Segundo Tartuce (2021a, p. 31), o "contrato de adesão é aquele em que uma parte, o estipulante, impõe o conteúdo negocial, restando à outra parte, o aderente, duas opções: aceitar ou não o conteúdo desse negócio".

De modo geral, a noção de adesão pode ser aplicada a qualquer espécie de contrato, bastando que, em sua elaboração, sejam inseridas cláusulas preestabelecidas, sem qualquer possibilidade de escolha ou discussão sobre seu conteúdo.

— 6.8.2 —
Compra e venda

Os contratos de compra e venda talvez sejam a espécie contratual mais relevante, em razão de sua ampla utilização em sociedade para as mais variadas situações e necessidades.

Por esse motivo, o Código Civil traz previsões acerca dessa espécie contratual de maneira bastante ampla, o que vai do art. 481 até o art. 532.

Nesse sentido, Venosa (2021, p. 256) explica que a:

> importância não se prende unicamente à compra e venda propriamente dita, em todas as suas nuanças e modalidades, mas também ao fato de serem aplicados seus princípios na elaboração e interpretação de inúmeros outros contratos que lhe estão próximos e que com ela possuem semelhança em estrutura e efeitos.

Em seguida, veremos de modo mais aprofundado o contrato de compra e venda.

Conceito e natureza jurídica

A compra e venda consubstancia-se na entrega de uma coisa mediante o pagamento de um preço.

O art. 481 do Código Civil define *compra e venda* como a espécie de contrato pelo qual um dos sujeitos se obriga a transferir o domínio de certa coisa, e o outro, a pagar-lhe certo preço.

Com relação aos sujeitos, temos a figura do vendedor, aquele que deve entregar a coisa, e a do comprador, aquele que deve pagar o preço certo justamente para aquisição do bem. Como esclarece Rizzardo (2021, p. 280):

> Constitui a compra e venda o mais importante e comum entre todos os contratos, cuja finalidade primordial está na vinculação dos bens. As pessoas que o celebram visam à transferência e a aquisição da propriedade ou de algum dos direitos inerentes a ela. Mais precisamente, dentro de nosso sistema jurídico, o objeto é a obrigação da transferência, não contendo necessariamente efeito real. No sentido literal, uma das partes vende, e a outra compra. Quem se obriga a entregar a coisa, com a intenção de aliená-la, denomina-se vendedor. É comprador aquele que assume o compromisso de pagar o preço, a fim de habilitar-se à aquisição da coisa.

Quanto à natureza jurídica, a compra e venda é um pacto tipicamente bilateral e oneroso, já que exige a realização de prestações mútuas.

No que tange às obrigações decorrentes, resta inequívoco que ao vendedor cumpre transferir o bem ou a coisa ao comprador, que, por sua vez, deve pagar o preço ajustado ao vendedor.

Elementos constitutivos

Os elementos essenciais de um contrato de compra e venda são: acordo de vontades entre o comprador e o vendedor; objeto da compra e venda (coisa, bem móvel, imóvel etc.); e preço a ser pago.

O acordo de vontades, ou consentimento, "consiste na vontade recíproca do vendedor e do comprador em vender e comprar, respectivamente, uma coisa por determinado preço" (Rizzardo, 2021, p. 282). Já o objeto do contrato é tudo o que pode ser suscetível de valoração ou precificação, além de ser possível sua transferência.

Também podem ser objetos de compra e venda coisas atuais ou futuras, conforme autoriza o art. 483 do Código Civil. Assim, como explica Rizzardo (2021, p. 288):

> são passíveis de venda todas as coisas que podem formar objeto de obrigação e particularmente tanto as corpóreas como as incorpóreas, as coisas singulares e as universalidades das coisas, e não somente as que existem no momento, mas também as futuras, e inclusive a simples esperança de uma vantagem.

O preço, como expresso pela lei, será em dinheiro, em moeda, pecúnia. Se apenas parte for em dinheiro e o restante em coisa, podemos estar diante de uma troca ou permuta, não mais de uma compra e venda.

O preço, portanto, é a contrapartida pela entrega da coisa, devendo ser certo, real (evitando qualquer possibilidade de simulação) e, ainda, justo. Será nula a compra e venda em que somente uma das partes fixar o preço, ante o desequilíbrio que isso pode gerar, como estipula o art. 489 Código Civil.

Se as partes não o determinarem, é necessário que seja indicada uma forma de fixação, utilizando como parâmetro, por exemplo, taxa ou bolsa do mercado, como especificado no art. 486 Código Civil.

O art. 485 do Código Civil permite que a fixação do preço possa ser estipulada por um terceiro, desde que devidamente escolhido pelos contratantes. Na hipótese desse terceiro não aceitar o encargo, o contrato não surtirá efeitos, pela falta de um dos elementos constitutivos. Essa falta somente pode ser suprida caso seja designada outra pessoa.

O preço também pode ser definido seguindo índices ou parâmetros legais, oficiais ou fixados pelas partes, desde que ostentem objetividade e determinação, como determina o art. 487 Código Civil.

Caso a venda ocorra mesmo sem indicação de preço ou de critérios para sua determinação, a lei prevê que as partes se sujeitam ao preço habitualmente utilizado pelo vendedor ou a eventual termo médio, conforme o art. 488 do Código Civil.

A fixação do objeto e do preço encontra regulamentação no art. 482 do Código Civil, que determina que a compra e venda somente se torna obrigatória e perfeita justamente quando as partes fixam o objeto e o preço.

Em suma, como afirma Lôbo (2021, p. 93):

> Os elementos essenciais da compra e venda, que têm atravessado as vicissitudes históricas, são: a coisa, o preço e o consentimento. Ainda que a coisa seja futura ou aleatória, ou que o preço esteja dependente de determinadas circunstâncias, devem ser determináveis, previstas e objetos do consentimento de ambos os contratantes. Se faltar qualquer um desses elementos, a compra e venda não pode subsistir. Considera-se pura a compra e venda que não está sujeita a condição ou a cláusulas especiais. Constitui a situação comum no tráfico jurídico, quando as partes manifestam intenção negocial de vender e comprar, assumindo as obrigações correspondentes, isto é, transferir a coisa e pagar o preço. O consenso por si só obriga. Vê-se, pois, que no plano da existência desse negócio jurídico não há necessidade de qualquer outro elemento. No plano da validade, a forma é apenas exigível para situações especiais, como na venda de imóveis. Ainda assim, o defeito de forma prescrita em lei resolve-se no plano da validade (no caso, nulidade). A forma exigível é a escritura pública, lavrada por notário.

Analisados os elementos constitutivos, passamos aos efeitos dos contratos de compra e venda.

Efeitos

A compra e venda tem por escopo a aquisição de bens, e, inclusive, "inexiste na sociedade moderna contrato mais importante e mais utilizado" (Venosa, 2021, p. 256).

Diante disso, o principal efeito da compra e venda é a transferência de determinado bem de uma pessoa para outra, o que ocorre por meio de atos realizados nesse sentido[12].

No que tange aos bens imóveis, deve ocorrer a chamada *transcrição*, ou *averbação*, do contrato, com o registro na respectiva matrícula perante o Cartório de Registro de Imóveis. Além desse registro, são necessárias outras providências de ordem prática, como a desocupação do local e a entrega de chaves.

No que tange às responsabilidades decorrentes do cumprimento do contrato e da conservação dos bens, compete ao vendedor, até o momento de entregar a coisa, mantê-la íntegra. Já ao comprador compete a obrigação de pagar o preço ajustado na forma como contratado, cujos efeitos correm por conta do comprador até o efetivo adimplemento, tudo conforme determina o art. 492 do Código Civil.

Com relação aos prazos, é importante verificarmos o que foi estabelecido no contrato. Se este for silente, as obrigações serão consideradas simultâneas.

---

2 Para que ocorra a efetiva transferência de domínio sobre determinado bem móvel, por exemplo, basta a tradição, explicada no vídeo produzido pela Advocacia-Geral da União, AGU *Explica – Tradição de bens móveis*. Disponível em: <https://www.youtube.com/watch?v=W58OXdCZNl0> (AGU, 2022c).

Ainda, a forma de pagamento da compra e venda pode ser à vista ou parcelada. De modo geral, o vendedor não é obrigado a entregar a coisa antes de receber o preço, conforme o art. 491 do Código Civil.

Por fim, o vendedor responde pelos débitos e outros encargos que possam recair sobre o bem até o momento da tradição, de acordo com o art. 502 do Código Civil.

Venda por amostra

O art. 484 do Código Civil disciplina a figura da chamada *venda por amostragem*, com a utilização de protótipos ou modelos. Nessa esteira, Lôbo (2021, p. 96) argumenta:

> Considera-se amostra a apresentação ou entrega de reprodução integral da coisa a ser vendida, em suas qualidades e características. Não descaracteriza a amostra se for apresentada em tamanho reduzido, desde que as qualidades e características estejam proporcionalmente contidas. Protótipo é o primeiro exemplar da coisa que se criou, ou o original, apresentando as qualidades e características essenciais da coisa final vendida, que o reproduz. Segundo os dicionários, é o exemplar mais exato, de maior perfeição. O protótipo, todavia, pode ainda não estar em seu formato definitivo, mas permite que o comprador possa ser informado dele. O modelo é o desenho, foto, escultura ou imagem do que se pretende reproduzir em escala maior ou idêntica, com dados e informações necessários que permitem ao comprador confrontá-lo com a

coisa recebida. Qualquer das três situações indicadas impõe o dever de conformidade entre o objeto que serviu de referência à compra e o que efetivamente foi entregue pelo vendedor.

Nessa modalidade de compra e venda, portanto, o vendedor indica as especificidades do bem. Deve o vendedor assegurar que tenha a coisa com as mesmas qualidades e características, tal como foi exposta.

Logo, como esclarece Venosa (2021, p. 287), "a amostra, o protótipo ou o modelo devem ser idênticos às coisas apresentadas para venda", e tal modelo "tem por finalidade simplificar o processo, evitando transporte e maiores entraves no exame da coisa a ser adquirida".

Se a coisa entregue pelo vendedor não corresponder àquela que foi exposta em amostra, o comprador poderá rejeitá-la.

Vendas *ad mensuram* e *ad corpus*

Essas duas modalidades de compra e venda qualificam-se, segundo Venosa (2021, p. 290), "como corpo certo e determinado, independentemente das medidas especificadas no instrumento, assim tidas apenas como enunciativas (venda *ad corpus*); e à venda por medida certa, pela qual se garantem as dimensões descritas no instrumento para fixar a extensão e a área (venda *ad mensuram*)".

Na venda *ad corpus*, há uma presunção de conhecimento do imóvel pelo comprador e, na *ad mensuram*, há uma precisão da área. Como explica Gomes (2019, p. 230), a venda *ad corpus*:

se faz sem determinação da área do imóvel, ou estipulação do preço por medida de extensão. O bem é vendido como corpo certo, individualizado por suas características e confrontações, e, também, por sua denominação, quando rural. Note-se que a referência a *dimensões* não descaracteriza a venda *ad corpus*, se não tem a função de condicionar o preço.

Ainda, de modo complementar, Venosa (2021, p. 290) assim elucida:

> Quando se adquire imóvel tendo o instrumento enunciado medidas às quais se acrescentam termos como aproximadamente, mais ou menos ou equivalente, ou quando se mencionam e se descrevem apenas os confinantes, é de concluir-se que as medidas são exemplificativas, enunciativas, e que o imóvel está sendo alienado como corpo certo e determinado, presumivelmente conhecido das partes, não se admitindo reclamação quanto à falta de área. Isso, porém, não é regra inflexível, pois dependerá do exame da real intenção das partes.

Como explica Rizzardo (2021, p. 326), ocorre a venda "*ad mensuram*, quando se determina a área do imóvel. Ou, ainda, se a determinação da área é o critério decisivo na fixação do preço. Compra-se uma extensão territorial por um valor calculado por metro ou outra medida empregada".

Em outras palavras, na hipótese *ad mensuram*, o comprador tem o direito de receber exatamente pelo que comprou. Em suma:

> De interesse prático saber se a venda foi *ad corpus* ou *ad mensuram*. Se *ad corpus*, o comprador não tem pretensão alguma quando as dimensões do imóvel forem inferiores às que presumiu, mas, se *ad mensuram*, importa fundamentalmente a exatidão da quantidade declarada na escritura. Não correspondendo a área às dimensões indicadas, o comprador pode exigir do vendedor que a complete. Quando, porém, não seja possível fazê-lo, como, por exemplo, se o vendedor não possui área contínua, a lei assegura ao comprador direito alternativo a promover a resolução do contrato ou pedir abatimento proporcional do preço. (Gomes, 2019, p. 230)

As possibilidades antes destacadas estão previstas no art. 500 do Código Civil.

Retrovenda

Os arts. 505 a 508 do Código Civil destacam a chamada *retrovenda*. Mesmo sem muita utilização do ponto de vista prático, é preciso destacar sua existência, já que se trata de previsão expressa relacionada à resolução da compra e venda que tenha por objeto bem imóvel.

De acordo com Tartuce (2021a, p. 362), a retrovenda deve ser entendida como "um pacto inserido no contrato de compra e venda pelo qual o vendedor reserva-se o direito de reaver o imóvel que está sendo alienado, dentro de certo prazo, restituindo o preço e reembolsando todas as despesas feitas pelo comprador no período de resgate, desde que previamente ajustadas (art. 505 do CC)".

Conforme previsto em lei, o prazo para o vendedor exercer a retrovenda é de três anos. O reembolso a que fez menção a norma que trata do tema também insere benfeitorias realizadas pelo comprador no imóvel.

O comprador, no caso de retrovenda, terá direito à restituição do preço pago.

Caso o comprador se recuse a receber referida restituição, poderá o vendedor exercer a retrovenda mesmo assim, apenas depositando os valores judicialmente, conforme autoriza o art. 506 do Código Civil.

Venda com reserva de domínio

Bastante utilizada quando o objeto do contrato é bem móvel e prevista nos arts. 521 a 528 do Código Civil, a compra e venda com reserva de domínio constitui modalidade contratual pela qual o vendedor reserva para si a propriedade do bem negociado até que o preço total ajustado pelas partes esteja integralmente pago pelo comprador.

A forma exigida por lei é escrita. Ainda, o legislador se preocupou em prever uma garantia adicional exigindo o registro da cláusula no domicílio do comprador, sobretudo para que surta efeitos em relação a terceiros, o que se extrai do art. 522 do Código Civil.

Na reserva de domínio, o vendedor somente transfere ao comprador a propriedade da coisa após o cumprimento total da obrigação assumida pelo comprador, principalmente o pagamento integral do preço (quitação).

— 6.8.3 —
Troca ou permuta

O art. 533 do Código Civil trata da troca ou permuta, e é o único dispositivo legal a regulamentar o assunto.

Em que pese o legislador utilizar das mesmas noções da compra e da venda para fins de regulamentar essa espécie contratual, o fato é que, como explica Lôbo (2021, p. 118):

> Troca, permuta, escambo é o mais antigo dos contratos, surgido nos primórdios de todos os povos. Quando o homem passou a viver em grupos sociais viu-se impelido a trocar alguma coisa que podia dispensar por outra, em poder de terceiro, para atender necessidades vitais ou de qualquer outra natureza. Com o advento da moeda, esse contrato foi substituído pela compra e venda, em grande medida. No direito brasileiro atual ocorre uma revitalização da permuta, a exemplo do contrato mediante o qual o proprietário de um imóvel urbano cede-o a um incorporador em troca de apartamentos do edifício que será nele construído. Outro exemplo, no campo do direito intelectual, é a cessão de direitos de difusão de uma obra em canais de televisão em troca de espaço publicitário. Sem embargo da compra e venda, cujos efeitos são aproximados, a permuta manteve-se ocupando espaço próprio, no cotidiano das pessoas, devido a sua simplicidade. Considera-se permuta o contrato por meio do qual cada parte obriga-se a transferir uma coisa equivalente à outra desejada. Tudo o que é suscetível de venda é permutável, exceto o dinheiro. Na compra e venda há coisa, preço e consentimento. Na permuta há

coisas equivalentes e consentimento. Não há preço na permuta. Os efeitos do contrato de permuta são meramente pessoais, porque não transmite a propriedade diretamente. Há recíprocos acordos de transmissão de propriedade das coisas. A permuta é contrato consensual bilateral. Nosso sistema jurídico **radica na teoria do título e do modo de aquisição, significando dizer que o contrato de permuta, por si só, não transfere a propriedade das coisas permutadas, sendo necessário o registro público para as imóveis e a tradição para as móveis (modos).**

Mesmo já destacada uma breve noção acerca da troca, ou permuta, importante trazer à baila alguns conceitos doutrinários, sua natureza jurídica e seus elementos constitutivos.

Conceito e natureza jurídica

Conforme já destacado, troca ou permuta é um "contrato pelo qual as partes se obrigam a dar uma coisa por outra, que não seja dinheiro" (Rizzardo, 2021, p. 398). Se há envolvimento de dinheiro, deixa de ser uma simples troca e passa a ser uma compra e venda. Logo:

> Na permuta há dois contratantes, com posições tão semelhantes que torna difícil a distinção. Cada contratante é ao mesmo tempo permutante *tradens*, obrigado à tradição da coisa, e permutante *accipiens*, com direito a receber a outra coisa equivalente. Ainda que não haja preço, há valor estimado de cada coisa. Na permuta pura não há qualquer pagamento em dinheiro. (Lôbo, 2021, p. 118)

Trata-se de um contrato tipicamente bilateral, oneroso, já que exige contraprestação de ambas as partes, mesmo que não haja precificação ou pagamento, além de exigir o consenso dos sujeitos envolvidos, no sentido de quererem realizar a permuta.

Elementos constitutivos

Todo bem ou coisa que pode ser objeto de uma compra e venda também pode ser de uma troca ou permuta. Assim:

> A permuta pode envolver coisas distintas e quantidades de coisas diferentes. Por exemplo, alguém permuta uma coisa móvel por outra imóvel; ou uma coisa móvel por outra móvel; ou várias coisas móveis por uma imóvel; ou várias coisas móveis por outras móveis; ou vários imóveis por outros imóveis. A variedade de arranjos é infinita. A permuta pode ter por objeto coisas futuras, sejam ambas as coisas ou apenas uma delas. É válida a permuta de coisa existente com coisa futura, porque esta é admissível na compra e venda por força do Código Civil (art. 483). A permuta ficará sem efeito se a coisa não vier a existir. (Lôbo, 2021, p. 119)

Mesmo que o próprio Código Civil utilize de modo complementar as regras atinentes à compra e venda para tratar da permuta, isso não significa que ambos os contratos sejam iguais.

Existem diferenças cruciais, a começar pelos custos da operação, já que, na troca, cada um dos contratantes deve arcar com metade das despesas contratuais.

Ainda, mesmo que seja possível a troca entre ascendentes e descendentes, ela somente pode ter como objeto bens do mesmo valor. Se de valores diferentes, a lei exige o consentimento expresso dos outros descendentes e do cônjuge para que a permuta seja perfectibilizada, conforme preceitua o art. 533, inciso II, do Código Civil.

— 6.8.4 —
Doação

Outra espécie de contrato bastante usual é a doação, regulamentada nos arts. 538 a 564 do Código Civil, cujas características verificaremos a seguir.

Conceito e natureza jurídica

Na doação, também há aquisição de propriedade, todavia ela ocorre gratuitamente, pois não há fixação de preço e pagamento em dinheiro, tampouco qualquer contraprestação patrimonial de uma parte em relação à outra, uma vez que:

> Doação é, pois, contrato pelo qual uma das partes se obriga a transferir gratuitamente um bem de sua propriedade para patrimônio da outra, que se enriquece na medida em que aquela empobrece. O sujeito que comete a liberalidade denomina-se *doador*; o outro, *donatário*. A doação é contrato *unilateral, simplesmente consensual* e *gratuito*. Unilateral, porque somente o *doador* contrai obrigações. *Simplesmente consensual*, porque não requer, para seu aperfeiçoamento,

a entrega da coisa doada ao donatário. Desde que o acordo se realiza, o contrato está perfeito e acabado. É da aceitação do donatário que nasce para o doador a obrigação de entregar o bem. *Gratuito*, por excelência, porque o donatário enriquece seu patrimônio sem contrapartida. (Gomes, 2019, p. 206, grifo do original)

Conforme preceitua o art. 538 do Código Civil, a doação é modalidade contratual em que uma pessoa, por mera liberalidade, transfere de seu campo patrimonial algum bem ou vantagem para outro, considerado beneficiário ou destinatário da doação.

Nesse sentido, podemos afirmar conceitualmente, conforme já destacado, que a "doação é a transmissão voluntária de uma coisa ou de um conjunto delas que faz uma pessoa, doador, em favor de outra, donatário, sem receber nada como contraprestação" (Venosa, 2021, p. 347).

Como indicado na citação anterior, boa parte da doutrina entende que a doação tem natureza unilateral, pois há obrigação para apenas uma das partes (o doador).

Elementos constitutivos

No que tange aos sujeitos da doação, de um lado, temos o doador, que é aquele que faz a doação e assim o faz por liberalidade. De outro, temos o donatário, que é aquele que recebe a doação, ou seja, é o destinatário da liberalidade.

São elementos típicos da doação o decréscimo do patrimônio do doador, em contrapartida a um acréscimo do campo de direitos do donatário; o desejo de doar, sem qualquer conflito ou condicionante por parte do doador, também é outro requisito de suma importância, já que deriva da própria liberalidade contratual; o donatário deve aceitar a liberalidade do doador, requisito essencial para que a doação realmente se consume; caso a doação não seja aceita pelo donatário dentro do eventual prazo estipulado para tanto, reputa-se a doação como aceita, a teor do art. 539 Código Civil; a doação sempre acontece a título gratuito; deve ser uma relação entre vivos, já que inexiste qualquer previsão legal que autorize a doação caso ocorra o falecimento de um dos sujeitos (Rizzardo, 2021).

Há forma indicada em lei para a doação, conforme dispõe o art. 541 do Código Civil, devendo ser feita por escritura pública ou instrumento particular. A doação verbal somente será válida caso tenha por objeto bens móveis cujo valor seja pequeno e desde que a tradição aconteça de modo imediato.

Os arts. 548 e 549 do Código Civil contemplam situações que podem ensejar a nulidade da doação. Isso ocorre, por exemplo, quando a doação tem por objeto todos os bens do doador, sem qualquer reserva ou garantia de renda suficiente para o doador sobreviver. Outra situação é quando a doação exceder aquilo que o doador poderia dispor em testamento, o que também deflagraria nulidade.

As possibilidades de revogação da doação encontram-se previstas no art. 557 do Código Civil. Elas se verificam quando o donatário atenta contra a vida do doador ou, ainda, comete homicídio doloso contra ele. Outra hipótese prevista em lei é a ofensa física pelo donatário contra o doador. Ainda, ocorrido qualquer ato de injúria ou calúnia do donatário contra o doador, também pode incorrer na revogação. Por fim, verificada a recusa do donatário em prestar alimentos ao doador, mesmo quando o donatário tinha meios para tanto, a revogação da doação pode ser invocada.

— 6.8.5 —
Locação

Assim como a compra e a venda, a locação se revela como uma das espécies contratuais mais utilizadas em sociedade. Prova disso é o fato de estar sujeita à dupla regulamentação, a qual se manifesta conforme o objeto que esteja envolvido no pacto.

Se a locação for imobiliária (tem por objeto bens imóveis), a referência normativa é a Lei n. 8.245, de 18 de outubro de 1991, conhecida como Lei do Inquilinato (Brasil, 1991), aplicando-se o Código Civil em caráter subsidiário.

Se a locação for mobiliária (bens móveis, como veículos, maquinários, entre outros), o referencial legislativo é o Código Civil, o que se verifica nos arts. 565 a 578.

Conceito e natureza jurídica

A locação é definida como o contrato pelo qual um sujeito recebe prestação pecuniária em troca de facultar a outro sujeito, por certo tempo, o uso e o gozo de determinada coisa, o que se extrai do próprio texto legal do art. 567 do Código Civil. Em outras palavras, como explica Lôbo (2021, p. 144), a locação:

> é o contrato mediante o qual uma pessoa (locador) entrega uma coisa para uso temporário de outra (locatário), tendo esta o dever de contraprestação pecuniária relativa a cada período de uso ajustado. São suas características: a natureza consensual do contrato, a temporariedade, a entrega da coisa, a periodicidade do aluguel, o exercício da posse pelo locatário, a devolução da coisa. Por força do CC, art. 2.036, a locação de imóvel urbano, residencial e não residencial, é regida por lei especial (Lei n. 8.245/1991).

A locação tem por características ser um contrato tipicamente bilateral, já que envolve obrigações recíprocas, ou seja, ambas as partes assumem deveres e têm direitos relacionados ao pacto.

Além disso, é um contrato oneroso, pois verifica vantagens e sacrifícios para as duas partes. Também é um pacto consensual, partido da vontade dos sujeitos em contratarem.

Nessa esteira, Gomes (2019, p. 274) afirma:

> Locador e locatário contraem obrigações interdependentes. Ao direito de uso e gozo da coisa é correlata a obrigação de pagar o aluguel, do mesmo modo que ao direito de receber o aluguel corresponde a obrigação de proporcionar e assegurar o uso e gozo da coisa locada. O sinalagma é perfeito. Não há locação sem aluguel. O contrato de locação considera-se perfeito e acabado quando as partes consentem, formando-se,

pois, solo consensu. Posto seja sua causa o uso e o gozo de coisa alheia, a tradição não é necessária à sua perfeição. O locador obriga-se a entregar a coisa. Não se trata, pois, de contrato real. A onerosidade é da essência do contrato de locação. Ao uso e gozo da coisa deve corresponder, necessariamente, certa retribuição. Se concedido gratuitamente, o contrato desfigura-se, tornando-se comodato.

Por fim, ainda que o contrato de locação tenha por enfoque o repasse de uso e gozo do bem (móvel ou imóvel), ele não implica transferência de propriedade, apenas a posse do bem, pois, do contrário, tem-se uma compra e venda.

Elementos constitutivos

Os sujeitos da locação são o locador e o locatário no caso da locação de coisas, e locador e inquilino quando se tratar de uma locação de bem imóvel.

A lei não exige nenhuma forma, razão pela qual, de regra, a locação é um contrato não solene.

No que tange ao prazo, o contrato pode ser por tempo determinado (prazo certo) ou indeterminado (sem termo final), mas sua essência sempre será de uma cessão temporária de uso e gozo, conforme determina o art. 567 do Código Civil.

Além disso, no que tange à execução, ou cumprimento, do contrato, independentemente de ser por prazo certo ou não, a "execução prolonga-se necessariamente no tempo, isto é, se desenvolve em prestações periódicas e repetidas" (Rizzardo, 2021, p. 445).

Com relação às obrigações que competem a cada um dos sujeitos, os arts. 566 e 569 do Código Civil trazem, respectivamente, que cabe ao locador entregar o bem e que este deve destinar-se ao fim que restou previsto contratualmente no sentido de atender a contento a fruição do locatário. Durante o período do contrato, o locador deve manter a coisa sem deterioração ou embaraços, garantindo o uso pacífico pelo locador, sob pena de responder por vícios ou defeitos anteriores à locação.

Por sua vez, o locatário deve usar a coisa alugada nos estritos limites ajustados em contrato, sem desviar sua finalidade, e compete a ele cuidar do bem como se fosse seu.

Ademais, o locatário tem o dever de realizar o pagamento do aluguel pontualmente. Do contrário, caracteriza-se inadimplemento, que pode ter como consequência a rescisão contratual e a respectiva retomada do bem.

Eventuais perturbações do bem devem ser levadas ao conhecimento do locador, sobretudo as que possam, de alguma forma, interferir na locação.

Ao fim do pacto, o locatário restituirá a coisa no exato estado em que a recebeu, exceptuando-se as deteriorações naturais e inerentes ao uso regular da coisa ou bem. Isso porque, como esclarece Lôbo (2021, p. 148):

> O dever de restituição, no estado em que recebeu a coisa, não significa que o locatário se responsabiliza pela indenização dos danos oriundos do uso normal ou do desgaste também normal. Há, portanto, danos que devem ser suportados

pelo locador, pois todas as coisas, feitas ou modificadas pelos homens, sofrem desgaste com o tempo. Mas, o contrato pode estabelecer que a coisa, nessas hipóteses, seja reparada pelo locatário, como, por exemplo, com nova pintura do imóvel ou reposição de peças hidráulicas e de energia elétrica.

Importante consignar que as regras vistas neste item e que se aplicam às obrigações dos sujeitos de uma locação são destinadas a qualquer tipo de locação, independentemente do objeto (bem móvel ou imóvel).

Locação de coisas

A locação de coisas é regulamentada pelo Código Civil, tendo por objeto "todos os bens materiais distintos de prédios urbanos alugados para fins residenciais ou outra motivação, como para o comércio, o uso profissional, a indústria, o ensino, a prestação de serviços, e a instalação de hospitais" (Rizzardo, 2021, p. 445).

Portanto, a locação de coisas se destina, por exemplo, a utilidades do comércio ou da indústria, como é o caso de veículos, maquinários, equipamentos.

Coisas de consumo imediato e que desaparecem após o uso, como alimentos e combustíveis, não podem, por certo, ser objeto de locação, por se tratar de contrato que se prolonga no tempo (Rizzardo, 2021).

As regras atinentes à locação de coisas previstas no Código Civil se aplicam, ainda que de maneira subsidiária, à locação imobiliária. Com isso, mesmo existindo lei especial que trata da locação imobiliária no Brasil, o código civilista continua sendo um referencial normativo, sobretudo no caso de omissão da lei especial.

A ressalva que se faz é no tocante ao art. 2.036 do Código Civil, regra de transição pela qual a locação de prédio urbano, submetida à lei especial, por esta continua a ser regida.

Locação de imóveis

Quando se trata de locação de imóveis, é preciso, em primeiro lugar, entender a distinção entre prédios urbanos e rurais porque a Lei n. 8.245/1991 é expressa ao dizer que "dispõe sobre as locações dos imóveis urbanos" (Brasil, 1991).

Nesse sentido, distinguem-se prédios rurais de prédios urbanos por meio de alguns critérios, entre eles, como aponta Rizzardo (2021, p. 447):

> O critério mais aceito é o da destinação. Rural será o prédio que visa fins agrícolas ou pecuários, seja qual for a situação, isto é, se encontre dentro ou fora dos limites urbanos, como, por exemplo, as chácaras de culturas agrícolas. Envolve atividade de exploração extrativa agrícola, pecuária ou agroindustrial, de acordo com o Estatuto da Terra (Lei nº 4.504, de 1964, art. 4º). O urbano é reservado à moradia, ao comércio, à indústria, em geral delimitado pelo perímetro urbano, nele incidindo o imposto sobre a propriedade predial e territorial urbana.

Ainda no contexto da locação predial urbana, cumpre diferenciar os imóveis que são locados para fins de moradia e os que se destinam ao exercício de atividades comerciais, porque, de acordo com Tartuce (2021a, p. 456, grifo do original), a "Lei de Locação, (Lei n. 8.245/1991) constitui um *microssistema jurídico* ou *estatuto jurídico* próprio, que regulamenta a locação de imóveis urbanos residenciais e não residenciais", cabendo às partes estipularem claramente a destinação do imóvel quando da contratação.

Em termos de atualização do tema, a Lei do Inquilinato foi modificada pela Lei n. 12.112, de 9 de dezembro de 2009, a qual trouxe em seu bojo, por exemplo, a possibilidade de desfazimento do contrato e restituição do imóvel, lembrando que a regra geral é a de que, enquanto válido e em cumprimento o contrato, o locador não pode reaver o imóvel alugado, e o locatário tem a possibilidade de devolvê-lo, desde que pagando multa correspondente no valor proporcional ao tempo de cumprimento do contrato (Brasil, 2009a). Na falta de previsão contratual acerca dessa multa, ela pode ser fixada por meio de uma ação judicial em sentença.

Caso queira reaver o imóvel e enfrente negativa de liberação ou dificuldade injustificada do locatário em deixá-lo, o locador deverá propor respectiva ação judicial, denominada *despejo*.

Se o contrato for por prazo indeterminado e o locador quiser finalizar o pacto, ele deverá realizar o que se convencionou denominar, seguindo a orientação legal, de *denúncia*, que nada mais é do que a manifestação de vontade em terminar o contrato. Essa denúncia se efetiva na forma de um aviso enviado com antecedência mínima de 30 dias.

A denúncia pode ser vazia ou cheia, conforme tenha, ou não, motivação. No primeiro caso, o aviso de encerramento é imotivado; no segundo, é preciso justificar a pretensão de finalização do pacto, conforme definido nas hipóteses legais. Em linhas gerais, Lôbo (2021, p. 150) esclarece:

> A locação prorrogada por prazo indeterminado se extingue quando, em qualquer tempo, o locador notificar o locatário que não pretende continuar a locação. É a denúncia vazia da locação. O Código Civil não prevê prazo para cumprimento da notificação. Para as locações de imóveis urbanos, o art. 6º da Lei n. 8.245/1991 prevê que a retomada (despejo) deverá ser antecedida de notificação ou aviso do locador, com prazo de trinta dias. A lei não exige forma especial para a denúncia ou notificação, salvo se o próprio contrato a estipular. Basta simples aviso, por qualquer meio de comunicação, desde que possa ser provado seu conhecimento pelo locatário. A notificação premonitória para o encerramento do contrato de locação por denúncia vazia é obrigatória e, assim, não seria permitido ao locador ajuizar uma ação de despejo sem ser conferido ao locatário o aviso prévio de que trata o art. 46, § 2º, da Lei do Inquilinato (REsp 1.812.465).

A cessão, a sublocação ou o empréstimo do imóvel pelo locatário são possíveis, desde que exista o consentimento prévio e por escrito do locador nesse sentido.

O valor do aluguel é livremente ajustado entre as partes. O que a lei veda é sua fixação em moeda estrangeira, vinculação com taxa cambial e com o salário-mínimo.

Ainda no que se refere às obrigações do locador, cabe a ele entregar ao locatário o imóvel em perfeito estado para o uso a que se destina; assegurar o uso pacífico do imóvel; responder pelos vícios ou defeitos anteriores à locação; fornecer recibo dos valores pagos pelo locatário; pagar impostos e taxas, lembrando que estes podem ser adimplidos pelo locatário desde que constante em contrato; pagar as despesas extraordinárias de condomínio (outros gastos que não os habituais de manutenção do edifício).

Em suma, como esclarece Gomes (2019, p. 278):

> A primeira obrigação do locador consiste na entrega da coisa locada. Sem que seja cumprida, o contrato não pode preencher sua função econômica. A entrega não oferece dificuldade devido à facilidade de sua identificação. Não se exige, por outro lado, tradição real. Pode ser simbólica, como quando o locador entrega ao locatário as chaves do prédio que lhe alugou. A coisa deve ser acompanhada de suas pertenças e acessórios. Não basta que a entregue. Deve o locador entregá-la em estado de servir ao uso para que foi alugada. Exige-se que esteja em bom estado de conservação, mas, para prevenir querelas, costuma-se introduzir, no contrato, uma cláusula em que o locatário declara tê-la recebido em condições satisfatórias. Se apresenta defeitos que diminuem a sua utilidade, o locatário pode rescindir o contrato ou pedir redução do aluguel.

São obrigações do locatário: pagar pontualmente o aluguel e os encargos (se existentes); usar o imóvel conforme sua natureza e fim a que se destina; cuidar como se o bem fosse seu; restituir o imóvel no estado em que recebeu, exceto as deteriorações de seu uso normal; reparar eventuais danos causados; não modificar as formas do imóvel sem o consentimento prévio e por escrito do locador; adimplir luz, gás, água e esgoto; possibilitar a vistoria do imóvel pelo locador ou por terceiros, sobretudo diante da intenção de venda; cumprir a convenção de condomínio e os regulamentos internos do imóvel; pagar as despesas ordinárias de condomínio.

As obrigações atinentes tanto ao locador quanto ao locatário devem ser observadas, visto que previstas em lei, conforme os arts. 22 e 23 da Lei do Inquilinato (Brasil, 1991).

Caso não sejam observadas as mencionadas obrigações, poderão ser intentadas ações judiciais que tenham por escopo a exigência de cumprimento dos deveres ou até mesmo a resolução contratual.

Direito de preferência

Os arts. 27 a 33 da Lei n. 8.245/1991 trazem a figura da preferência, que deve ser aplicada em favor do locatário em caso de intenção de venda, promessa de venda, cessão ou promessa de cessão de direitos ou dação em pagamento por parte do locador (Brasil, 1991).

A oferta feita ao inquilino deve ocorrer nas mesmas condições postuladas para terceiros, sendo dever do locador informar ao locatário por meio de notificação judicial, extrajudicial ou outro meio de ciência. De modo geral, as informações que devem constar nesse aviso são: o preço, a forma de pagamento, a existência de eventuais ônus reais sobre o imóvel, o local e o horário disponibilizado para exame da documentação pertinente. O locatário tem o prazo de 30 dias para se manifestar no sentido de aceitar a proposta e iniciar uma negociação ou não, liberando o bem para que o locador negocie com terceiros. Se nada manifestar, sendo silente, entende-se que o inquilino perdeu o direito de preferência.

Entretanto, na hipótese de o locatário aceitar a proposta, se o locador desistir do negócio, ele responderá pelos prejuízos ocasionados.

Por fim, se o imóvel for realmente vendido durante a locação e se tratar de contrato por prazo indeterminado, o comprador poderá declarar o fim do contrato, e o inquilino terá o prazo mínimo de 90 dias para desocupar o bem.

Benfeitorias

Benfeitorias se revelam como gastos ou investimentos do inquilino para fins de manutenção, melhoria ou embelezamento do imóvel locado. Podem ser consideradas benfeitorias as obras realizadas na estrutura para fins de conservá-lo, torná-lo melhor ou apenas para um gozo adicional.

O art. 96 do Código Civil auxilia na definição e na diferenciação das benfeitorias, sobretudo para que possamos saber quais as consequências jurídicas e os efeitos.

As espécies de benfeitorias são classificadas em voluptuárias, úteis ou necessárias. Voluptuárias são as que se destinam apenas a deleite, já que em nada aumentam o uso habitual do bem. As úteis têm a finalidade de aumentar ou facilitar o uso do bem. As benfeitorias necessárias, por sua vez, são aquelas destinadas à conservação do bem, evitando que se deteriore.

A importância de compreender os diferentes tipos de benfeitorias e suas respectivas autorizações ou conhecimento prévio remonta à possibilidade de retenção ou de indenização. Segundo Lôbo (2021, p. 148), porque:

> As modificações na coisa locada não podem ser feitas pelo locatário, sem autorização do locador, salvo se o contrato tiver expressamente facultado fazê-las. Entre as modificações estão as acessões (construções e plantações) e benfeitorias necessárias, úteis e voluptuárias. Se as fizer, sem autorização, poderá ser obrigado a desfazê-las e a indenizar o locador dos prejuízos. Terá o locatário direito à indenização das benfeitorias necessárias e úteis autorizadas e à retenção da coisa, enquanto não for pago pelo locador, ainda que o contrato tenha findado. Quanto às benfeitorias voluptuárias, poderá levantá-las ou retirá-las, se não danificar a coisa.

Os arts. 35 e 36 da Lei n. 8.245/1991 estipulam que as benfeitorias necessárias, mesmo não autorizadas pelo locador, e as úteis, desde que autorizadas, são indenizáveis, podendo ser retidas.

Já as benfeitorias voluptuárias, de modo geral, não são indenizáveis e podem, como destacado no trecho antes colacionado, ser retiradas ao final da locação, desde que isso não interfira na essência do imóvel e ele continue a manter suas características principais e a finalidade a que se destinava no momento da locação.

Garantias e fiança

Não é incomum que se exija, em determinados tipos de contratos, alguma espécie de "demonstração" de que o pacto será cumprido. E, no caso da locação, é usual que o locatário assegure que pagará os aluguéis, lançando isso em cláusula contratual.

Claro que o esperado em qualquer contrato é o adimplemento, o que, no caso da locação, verte-se no pagamento dos aluguéis pelo locatário. Todavia, nem sempre isso acontece sem percalços, motivo pelo qual pode a parte lesada valer-se de alguma das modalidades de garantia previstas em lei.

O art. 37 da Lei n. 8.245/1991 traz previsão acerca de uma série de garantias que podem ser utilizadas no contrato de locação imobiliária e exigíveis pelo locador. São elas: a caução, a fiança, o seguro de fiança locatícia e a cessão fiduciária de quotas de fundo de investimento.

De todas essas garantias mencionadas, a mais usual é a fiança, que, como explica Lôbo (2021, p. 188) pode ser compreendida como um:

> contrato mediante o qual uma pessoa (fiador) garante com seu próprio patrimônio a dívida de terceiro (devedor), caso este não a pague ao credor (afiançado). Sua finalidade é a garantia do adimplemento. É contrato de caução pessoal ou de garantia fidejussória, assim denominado porque fundado na confiança (*fides*) do credor na idoneidade do fiador. Por seu turno, o fiador confia que o devedor cumpra suas obrigações, porque, na maioria dos casos, se obriga na esperança de que assim aja, sem causar-lhe danos.

Portanto, a fiança é um contrato de natureza acessória ou subsidiária[3], uma vez que sua exigência está condicionada ao não cumprimento do contrato principal, firmada entre o fiador e o credor, de caráter unilateral (obrigação assumida apenas pelo fiador, sem contrapartida do credor) e formal, uma vez que, da leitura do art. 819 do Código Civil, extrai-se que ela deve ser prevista por escrito. Com isso, configura uma "garantia que se dá aos créditos relativamente aos seus titulares, com o objetivo de conceder segurança aos compromissos que alguém assume" (Rizzardo, 2021, p. 931).

---

3 Entretanto, por expressa previsão contratual, pode haver solidariedade, e a "sucessividade não é da essência do contrato de fiança. Podem os interessados eliminá-la, estipulando a *solidariedade* entre o *fiador* e o *afiançado*, como, de regra, se procede na prática" (Gomes, 2019, p. 444).

Ressaltamos que o caráter subsidiário da fiança se verifica, de regra, quando o fiador assume a obrigação no lugar do devedor principal, caso este não honre com a avençado. No entanto, existindo disposição em contrato, pode incidir a responsabilidade solidária, ocasião em que o fiador pode ser demandado diretamente na cobrança do que restou descumprido.

Além disso, devemos atentar ao benefício de ordem, como previsto no art. 827 do Código Civil, no sentido de que sejam executados, em primeiro lugar, os bens do devedor. Todavia, no caso de existir renúncia manifesta desse benefício, se o fiador assumir o encargo como principal devedor e se ocorrer a insolvência do devedor, hipóteses previstas no art. 828 do Código Civil, esse benefício de ordem não se aplica[4].

Também por derivação expressa do já referido art. 819 do Código Civil, a interpretação da fiança ocorre sempre de maneira restritiva, seguindo os termos do que for contratado. Por esse motivo, todos os possíveis detalhes quanto à fiança devem constar claramente no contrato.

Segundo Venosa (2021, p. 653), a fiança tem como limite a própria obrigação principal:

> O limite da fiança é o da obrigação principal. O fiador não pode ser obrigado a mais do que foi nela estipulado. Pode, no entanto, ser parcial, restringir-se a um limite inferior ao

---

4   Para aprofundamento sobre o tema, indicamos o vídeo *AGU Explica – Contrato de garantia e benefício do ordem*. Disponível em: <https://www.youtube.com/watch?v=GytR836QxD0> (AGU, 2022b).

da obrigação principal, bem como ser contraída em condições menos onerosas. Se estabelecida em valor superior ou em condições mais onerosas, valerá até o limite da obrigação afiançada (art. 823). Estabelecida sem qualquer restrição, a fiança compreenderá todos os acessórios da dívida principal, inclusive despesas judiciais, desde a citação do fiador (art. 822). Assim, na locação, a fiança abrange despesas acessórias ao aluguel, como condominiais e tributárias, bem como danos ocasionados ao imóvel a que venha ser responsabilizado o locatário até a entrega das chaves. Para as despesas judiciais, necessário que o fiador seja citado para a ação. Tal procedimento possibilita que ele liquide a obrigação com maior celeridade, minimizando assim os efeitos da mora.

Logo, se não for prevista qualquer limitação no que tange à fiança, a essa garantia serão incluídas obrigações de natureza acessória, como despesas judiciais, honorários advocatícios, condomínio, IPTU, taxas etc.

— 6.8.6 —
Prestação de serviços e empreitada

Os arts. 593 a 626 do Código Civil tratam da prestação de serviço e da empreitada, as quais serão analisadas em conjunto.

Lôbo (2021, p. 154) afirma que, de modo geral, a prestação de serviço:

é o contrato bilateral, temporário e oneroso, mediante o qual uma pessoa (prestador de serviços) se obriga a desenvolver uma atividade eventual, de caráter corporal ou intelectual, com independência técnica e sem subordinação hierárquica, em favor de outra (tomador ou recebedor dos serviços), assumindo esta uma contraprestação pecuniária. O prestador de serviços pode ser pessoa física ou pessoa jurídica. Prestam-se serviços construindo, reformando, consertando, limpando, vigiando, transportando, em miríades infindáveis de trabalhos não assalariados. Outro campo amplo é o dos profissionais liberais, que exercem suas profissões individualmente, ou em sociedades organizadas. Também prestam serviços as empresas que não se enquadram em atividades de indústria, de agricultura e de comércio de bens

No que tange à prestação de serviço, ressaltamos sua diferenciação do contrato de trabalho, regulado pela Consolidação das Leis Trabalhistas (CLT), da qual exsurgem as figuras do empregado e do empregador, conforme os arts. 2º e 3º da referida legislação laboral.

A preocupação do legislador em garantir essa diferença é nítida quando o Código Civil, no art. 593, declara textualmente que somente se submeterá à lei civilista a prestação de serviços que não estiver sujeita às leis trabalhistas.

Rizzardo (2021, p. 592) esclarece que a empreitada, por sua vez, é "o contrato pelo qual uma das partes obriga-se a executar por si só, ou com o auxílio de outros, mas sem dependência ou subordinação, determinada obra, ou a prestar certo serviço, e a outra a pagar o preço global ou proporcional ao trabalho realizado".

Como explica Gomes (2019, p. 299), na empreitada,

> uma das partes obriga-se a executar, por si só, ou com o auxílio de outros, determinada obra, ou a prestar certo serviço, e a outra, a pagar o preço respectivo. Obriga-se a proporcionar a outrem, com trabalho, certo resultado. A palavra obra tem sentido que precisa ser esclarecido para facilitar a noção de empreitada. Significa todo resultado a se obter pela atividade ou pelo trabalho, como a produção ou modificação de coisas.

Conceito e natureza jurídica

Conforme já destacado no tópico anterior, a prestação de serviços é o contrato pelo qual o prestador assume o dever de realizar uma atividade cujo objeto deve ser lícito. Essa atividade (ou serviço) deve atender às necessidades e aos interesses de outro, contratante ou tomador do serviço. Por certo que essa prestação somente ocorre mediante remuneração. Na empreitada, a obrigação principal gira em torno da realização de certa obra em favor do interesse daquele que a deseja, o que se efetiva, igualmente, mediante contraprestação financeira (Tartuce, 2021).

Os dois contratos em análise são bilaterais, pois geram obrigações, deveres e surtem direitos para ambas as partes envolvidas. Também são onerosos, já que se realizam com retribuição (pagamento).

Por fim, ambos os pactos se originam por meio de acordo de vontades, razão pela qual têm natureza consensual, e a lei não exige forma específica.

Elementos constitutivos

Ainda que similares, a prestação de serviço e a empreitada não se confundem. Assim, como nota distintiva necessária ao estudo desses contratos, ressaltamos que, na empreitada, exige-se que a obra seja perfeita e acabada, atendendo de maneira completa o que foi contratado. Disso tem-se um contrato cuja obrigação principal é resultado. Tanto é assim que o pagamento da empreitada tem relação direta com a fase da obra, ocorrendo de modo proporcional àquilo que já foi executado e de maneira completa quando entregue a obra.

A prestação de serviços não exige esse cenário. Não há qualquer especificidade com relação ao estágio de realização do serviço para fins de pagamento ou cumprimento. Exige-se (e espera-se) que a atividade ou o serviço contratado seja realizado, tão somente. O pagamento, de regra, baseia-se no tempo de serviço prestado.

A respeito desse tempo, destacamos que a prestação de serviço não pode perdurar por mais de quatro anos. Com a morte de qualquer das partes, o contrato também se finaliza, pois, geralmente, se não constar nos termos contratuais a possibilidade de substituição, o contrato se efetiva em caráter personalíssimo.

A prestação de serviço também se finaliza pelo término do prazo fixado entre as partes, pela conclusão do serviço, pela rescisão com aviso prévio, por inadimplemento ou pela impossibilidade da continuação.

No caso da empreitada, de modo geral, o contrato não termina com a morte de uma das partes, exceto se há previsão expressa acerca de exigências relacionadas às qualidades do empreiteiro de modo a torná-lo insubstituível.

Outro motivo pelo qual a empreitada se encerra é a própria conclusão da obra, conforme pactuado, e o respectivo pagamento do preço pelo contratante.

— 6.8.7 —
Comissão

A espécie de contrato em voga é regulada pelos arts. 693 a 709 do Código Civil de 2002 e nada mais é do que o negócio jurídico pelo qual um terceiro, denominado *comissário*, efetua uma compra e venda em seu nome, porém em prol do interesse de outro, chamado *comitente*.

Conceito e natureza jurídica

Como explica Venosa (2021, p. 527), a comissão é um contrato:

> pelo qual uma das partes, pessoa natural ou jurídica, o comissário, obriga-se a realizar atos ou negócios em favor de outra, o comitente, segundo instruções deste, porém no próprio nome do comissário. Este se obriga, portanto, perante

terceiros em seu próprio nome. O comissário figura no contrato com terceiros como parte, podendo quedar-se desconhecido o comitente, se assim for conveniente. Geralmente, o comissário omite o nome do comitente, porque opera em nome próprio, mas pode ocorrer que haja interesse mercadológico na divulgação do comitente, como fator de dinamização das vendas ou negócios em geral. A comissão surgiu da impossibilidade de comerciantes praticarem pessoalmente suas operações em outras praças.

Já para Rizzardo (2021, p. 681), significa dizer que:

> trata-se de um contrato pelo qual um comerciante assume a obrigação de realizar atos ou negócios de natureza mercantil, em favor e atendendo instruções de outra pessoa, mas agindo em seu nome, o que determina a sua responsabilidade perante os terceiros com os quais negocia. Nota-se, pois, que o comissário, atuando conforme as instruções recebidas do comitente, contrata em nome próprio (pessoa física) ou por meio da razão social de sua pessoa jurídica. Não participa o comitente das relações que fez o comissário com as pessoas com as quais contratou. Por isso, a tais pessoas não se reconhece o direito de agirem conta o comitente, e nem pode este agir judicialmente contra aquelas.

A obrigação nesse tipo de contrato é assumida pelo comissário. Nessa tangente, aliás, o art. 694 do Código Civil dispõe que o comissário assume deveres e obrigações perante aqueles com quem contratar. Inclusive, não há possibilidade desses terceiros acionarem o comitente. O comitente também não pode contactar ou acionar as pessoas com quem o comissário contratou.

A única exceção é quando o próprio comissário cede seus direitos, ocasião em que qualquer das partes beneficiárias dessa cessão pode valer-se dos direitos inerentes ao negócio.

Quanto às suas características, a comissão é contrato bilateral, pois tem, no mínimo, duas partes, e oneroso, já que os sujeitos participantes assumem entre si obrigações e vantagens econômicas. Além disso, é um contrato consensual e não formal.

No estudo da comissão, cumpre diferenciá-la da representação e agência. Nas palavras de Gomes (2019, p. 363, grifo do original):

> Não se confundem, entretanto, as figuras do *comissário* e do *representante comercial* ou *agente*. Este tem liberdade de ação para concluir negócios em nome do representante, aproxima-se do comissário quando se lhe confere a faculdade de discutir as condições do contrato. O *comissário* contrata em nome próprio, ignorando o comprador, ou o vendedor, a circunstância de estar ele agindo por conta de outrem. O *agente* ou representante comercial age ostensivamente para o representado ou preponente. A representação é direta, agindo o representante não apenas por conta do outro, mas também em seu nome, enquanto na comissão é *indireta*. A profissão assemelha-se à do corretor. O comissário não é, porém,

intermediário, eis que seu mister não consiste em aproximar pessoas que desejam contratar. O comissário celebra, ele próprio, os contratos e assume responsabilidade por execução.

Ainda, como ressalta Tartuce (2021a, p. 678), trata-se de um "contrato personalíssimo, fundado na confiança, na fidúcia que o comitente tem em relação ao comissário".

Elementos constitutivos

Os sujeitos, como já visto, são o comissário e o comitente. Além das partes que compõem o contrato, outro elemento inerente à comissão, e que merece apreço, é o fato de que o comissário é obrigado a agir de acordo com os interesses do comitente, seguindo os limites por ele delineados.

Logo, espera-se do comissário que ele paute sua atuação com cuidado e diligência, tendo por enfoque garantir o lucro que o comitente intenta com o negócio. Se, porém, o comissário não cumprir com as expectativas do comitente, responderá pelos eventuais prejuízos ao comitente, ressalvadas situações de força maior.

No que tange à remuneração do comissário, vale aquilo que foi ajustado entre as partes. Se silentes nesse sentido, a lei determina que essa remuneração poderá ser definida conforme os usos do lugar onde firmado o pacto, a teor do art. 701 do Código Civil.

Por fim, se o comissário falecer ou não conseguir, por força maior, concluir o negócio com o qual se comprometeu perante o comitente, mesmo assim lhe será atribuída remuneração, cujo cálculo será equivalente aos trabalhos realizados até então.

Cláusula *del credere*

O comissário, geralmente, não pode responder caso aquele com quem contratar restar inadimplente. Entretanto, a própria lei prevê uma possibilidade de assunção de responsabilidade, desde que conste em contrato a cláusula *del credere*, a qual, como esclarece Gomes (2019, p. 370):

> Trata-se de pacto adjeto ao contrato, pelo qual o comissário assume a responsabilidade de pagar o preço da mercadoria que vendeu, [solidariamente com as pessoas com quem contratou em nome do comitente,] garantindo desse modo a execução do contrato. Não assume propriamente um risco segurável, nem se apresenta ao comitente como fiador da dívida contraída pelo terceiro, mas simplesmente contrai a obrigação de pagá-la, [em solidariedade com os terceiros com quem contratou].

Nesse caso, portanto, o comissário responde solidariamente com as pessoas com que contratou em favor do comitente.

Com isso, torna-se possível uma remuneração maior do comissário, para que possa compensar o ônus assumido, caso ocorra a inadimplência daquele com quem contratar.

— 6.8.8 —
Agência e distribuição

Os contratos de agência e de distribuição, comumente, são analisados conjuntamente, inclusive por estarem assim previstos no Código Civil de 2002, conforme se observa nos arts. 710 a 721.

Diferentemente do que ocorre na comissão, em que o comissionário assume como parte do pacto e, com isso, as obrigações dele decorrentes, tal como visto no tópico anterior, na agência e na distribuição, o que se tem é apenas uma intermediação negocial.

Conforme dispõe o art. 710 do Código Civil, na agência, uma pessoa assume a obrigação de promover, em nome de outro e mediante retribuição, a realização de certos negócios, sendo a distribuição hipótese na qual o agente tem à sua disposição a coisa a ser negociada. Logo, como esclarece Venosa (2021, p. 539):

> conforme a lei, a disponibilidade da coisa em mãos do sujeito caracteriza a diferença entre a agência e a distribuição. Pela lei, se a pessoa tem a coisa que comercializa consigo será distribuidor; caso contrário, será agente. No mais, procura a lei unificar os direitos de ambos e, consequentemente, aplicam-se ao representante comercial, no que couber.

Conceito e natureza jurídica

Como já destacado, o art. 710 do Código Civil definiu essas duas espécies contratuais. Muito autores aplicam o contrato de agência como sinônimo de representação comercial, a exemplo de Arnaldo Rizzardo (2021, p. 689), para quem:

> Introduziu o Código de 2002 a disciplina da agência, comumente também denominada representação comercial, tratada em conjunto com a distribuição, embora esta em menor escala. [...] Pelo contrato de agência ou representação comercial, um dos contratantes se obriga, em troca de uma retribuição, a promover habitualmente a realização de operações mercantis, por conta do outro contratante, agenciando pedidos para este, em determinada região.

A base normativa dos contratos em voga, além do Código Civil, também são a Lei n. 4.886, de 9 de dezembro de 1965 (Brasil, 1965), alterada posteriormente pela Lei n. 12.246, de 27 de maio de 2010 (Brasil, 2010), seguindo orientação do art. 721 do Código Civil.

No que se refere à distribuição, cumpre trazer à baila o entendimento consolidado a respeito do tema pelo Conselho da Justiça Federal, vertido no Enunciado n. 31, cujo conteúdo transcrevemos a seguir:

> O contrato de distribuição previsto no art. 710 do Código Civil é uma modalidade de agência em que o agente atua como mediador ou mandatário do proponente e faz jus à remuneração

devida por este, correspondente aos negócios concluídos em sua zona. No contrato de distribuição autêntico, o distribuidor comercializa diretamente o produto recebido do fabricante ou fornecedor, e seu lucro resulta das vendas que faz por sua conta e risco. (Brasil, 2013a, p. 53)

Mesmo que tratadas pelo legislador em conjunto, agência e distribuição são pactos independentes, com características próprias. Isso porque, de acordo com Rizzardo (2021, p. 703):

> Embora submetida a regulamentação a dispositivos que tratam o contrato em conjunto com a agência (arts. 710 a 721), unicamente cinco artigos do Código Civil, dentre os destinados a disciplinar ambas as figuras, têm pertinência específica à distribuição, por mencioná-la, e, assim, à concessão comercial, sendo eles os arts. 710, 713, 714, 715 e 721. Os demais preceitos se aplicam mais subsidiariamente, em razão do art. 721, por instituírem normas gerais, como o art. 715, assegurando ao agente a indenização se o proponente, sem justa causa, cessar o atendimento das propostas, ou reduzi-lo tanto que se torne antieconômica a continuação do contrato. A tipicidade da distribuição possui contornos próprios, não se confundindo com a agência.

A natureza jurídica desses dois contratos pode ser analisada de modo único, já que ambos são bilaterais, onerosos e informais.

Elementos constitutivos

Os sujeitos de destaque nos contratos de agência e de distribuição são, respectivamente, o agente e o distribuidor. Aquele que os contrata é o proponente.

As despesas contratuais da agência e da distribuição são a encargo do agente ou do distribuidor, observados os limites geográficos de suas atuações. Claro que ambos terão direito a uma remuneração quando da conclusão do negócio para o qual foram contratados. Convencionou-se denominar essa remuneração de *comissão*.

Tartuce (2021a, p. 688) esclarece que:

> Mesmo quando dispensado por justa causa, terá o agente direito a ser remunerado pelos serviços úteis prestados ao proponente, sem embargo de haver este perdas e danos pelos prejuízos sofridos (art. 717 do CC). Por outro lado, se a dispensa ser der sem culpa do agente (sem justa causa), terá ele direito à remuneração até então devida, inclusive sobre os negócios pendentes, além das indenizações previstas em lei especial (art. 718 CC).

Ademais, o agente e o distribuidor terão direito a uma indenização na hipótese do proponente, sem qualquer justificativa, finalizar propostas ou reduzi-las, causando grande prejuízo à continuação do contrato.

Por fim, a remuneração ao agente, ou ao distribuidor, será devida mesmo que o negócio deixe de ser efetuado, quando isso acontecer por fato imputável ao proponente.

— 6.8.9 —
Corretagem

A corretagem está regulamentada pelos arts. 722 a 729 do Código Civil. Inicialmente, cabe destacar que a corretagem não se confunde com a comissão, representação comercial ou agência. Isso porque, como explica Gomes (2019, p. 363, grifo do original):

> O *comissário* contrata em nome próprio, ignorando o comprador, ou o vendedor, a circunstância de estar ele agindo por conta de outrem. O *agente* ou representante comercial age ostensivamente para o representado ou preponente. A representação é direta, agindo o representante não apenas por conta do outro, mas também em seu nome, enquanto na comissão é *indireta*.

Gomes (2019, p. 389) também elucida que, na corretagem, o que se tem é um:

> acordo pelo qual uma parte (o corretor) obriga-se a obter um ou mais negócios para a outra (o cliente ou dono do negócio), consoante as instruções dela recebidas, sem que haja entre as partes vínculo de mandato, prestação de serviços ou qualquer relação de dependência. Consiste a atividade do corretor em aproximar pessoas que desejam contratar, pondo-as em contato. Cumpre sua função aconselhando a conclusão do contrato, informando as condições do negócio e procurando conciliar os interesses das pessoas que aproxima.

A corretagem pode ser utilizada em vários tipos de contrato e tem grande aplicabilidade nos contratos de compra e venda como, por exemplo, de imóveis.

Conceito e natureza jurídica

Da simples leitura do art. 722 do Código Civil, é possível extrair a noção geral acerca da corretagem, contrato no qual:

> uma pessoa, independentemente de mandato, de prestação de serviços ou outra relação de dependência, obriga-se a obter para outra um ou mais negócios, conforme instruções recebidas. É o conceito que se encontra no art. 722 do Código Civil de 2002, pois o instituto não foi considerado pelo Código Civil de 1916. (Venosa, 2021, p. 552)

Portanto, o chamado *corretor* assume como obrigação principal obter um ou mais negócios, conforme as instruções recebidas por aquele que o contrata.

Surge, na verdade, uma intermediação ou mediação, uma vez que "utilizam-se os dois termos para expressar o mesmo significado, ou seja, a interferência bem-sucedida de um terceiro, feita sob promessa de recompensa, entre duas ou mais pessoas, levando-as a concluir determinado negócio" (Rizzardo, 2021, p. 725).

Isso porque, como já dito e para fins de fixar o tema, cabe ao corretor "aproximar pessoas que desejam contratar, pondo-as em contato", de modo a exercer sua "função aconselhando a conclusão do contrato, informando as condições do negócio e procurando conciliar os interesses das pessoas que aproxima" (Gomes, 2019, p. 389).

A corretagem é um contrato bilateral, pois gera obrigações a ambos os sujeitos que dele participam, também é oneroso (recebimento de remuneração pela aproximação) e consensual. No que tange à remuneração, a corretagem pode ser considerada um contrato aleatório, cujo retorno financeiro do corretor está ligado ao risco do negócio principal não se firmar. Nesse sentido, o art. 725 do Código Civil prevê que a aludida remuneração será devida quando o corretor atingir o resultado esperado ou quando o negócio não se firmar por simples arrependimento das partes (mantendo-se hígida a aproximação, ou seja, o papel do corretor foi cumprido).

Nessa esteira, Venosa (2021, p. 557) afirma:

> O corretor somente fará jus à remuneração, denominada geralmente comissão, se houver resultado útil, ou seja, a aproximação entre o comitente e o terceiro resultar no negócio, nos termos do art. 725 acima transcrito. Nesse sentido, se não for concretizada a operação, a comissão será indevida, por se tratar a intermediação de contrato de resultado. Persiste o direito à remuneração, em princípio, se o negócio não se realiza por desistência ou arrependimento do comitente. O corretor compromete-se a obter um resultado útil. Se não ocorre esse deslinde em sua conduta, a remuneração não é devida. É matéria a ser examinada no caso concreto, nem sempre de fácil deslinde.

A lei não traz nenhum tipo de solenidade para o contrato de corretagem, razão pela qual ele pode ser considerado um pacto informal.

Elementos constitutivos

Os sujeitos que compõem um contrato de corretagem são o corretor e o comitente, aquele que contrata o corretor justamente porque tem interesse na realização de um negócio. Ele, comitente, é que será o dono do negócio a ser realizado.

O corretor, nesse caso, exerce o papel de intermediador, sendo um instrumento para a perfectibilização de uma compra e venda, por exemplo, aproximando de modo eficaz comprador e vendedor.

Ressaltamos a importância dada pela lei no que tange ao resultado útil do negócio, atendendo aos interesses dos que buscam contratar entre si, como estipula o art. 725 do Código Civil, inclusive vinculando a remuneração a esse resultado, tal como visto anteriormente.

Deveres do corretor

O corretor, ao ser contratado para a realização de um negócio de interesse do contratante, deve atender a uma série de requisitos e deveres, os quais estão diretamente relacionados com a obtenção do resultado útil.

Primeiramente, a teor do art. 723 do Código Civil, o corretor é obrigado a pautar sua atuação com diligência e prudência, repassando todas as informações pertinentes ao andamento do negócio. Essas informações incluem esclarecimentos sobre segurança (documentação, exigências de órgãos etc.), valores e eventuais outros fatores que possam ter o condão de impactar nos resultados.

Outro ponto de suma relevância diz respeito ao sigilo acerca do negócio e de dados dos participantes a terceiros que não fazem parte da relação.

Conforme visto, a remuneração do corretor é um ponto bastante importante do contrato, motivo pelo qual, agindo o corretor em estrita observância de seus deveres e realizando a aproximação útil das partes, é a ele devido o respectivo retorno financeiro.

A remuneração, de regra, tem por base um percentual calculado sobre o valor do negócio, sendo algo ajustável entre as partes. Igualmente é possível prever um valor fixo ou misto (percentual e fixo).

Para fixar o tema, a remuneração é devida ao corretor desde que atingido o resultado previsto no contrato ou em caso de não realização em razão de arrependimento das partes, como já destacado no tópico antecedente e de acordo com o que prevê o art. 725 do Código Civil.

Na hipótese de o negócio começar e ser finalizado diretamente pelas partes, nenhuma remuneração será devida ao corretor. Contudo, se restou ajustada em contrato a chamada *corretagem com exclusividade*, o corretor receberá remuneração integral, exceto se comprovada sua inércia ou ociosidade, conforme exposto no art. 726 do Código Civil.

Dependendo do tamanho do negócio (muito comum, por exemplo, em grandes empreendimentos imobiliários), pode acontecer a concorrência de corretores. Nesse caso, se o negócio se concluir, a remuneração será devida a todos que participaram, e os valores serão divididos em partes iguais, exceto se previsto de maneira diversa.

Os corretores podem ser livres ou oficiais. Os primeiros são aqueles sem indicação formal ou designação oficial. Já os oficiais são os que estão sob regulamentação profissional. Como explica Venosa (2021, p. 557):

> Corretores oficiais são, portanto, aqueles investidos de ofício público, disciplinado por lei. Assim se colocam os corretores de mercadorias, de navios, de operação de câmbio, de seguros, de valores em Bolsa etc., todos com regulamentação particular. Corretores livres são os que exercem a intermediação sem designação oficial. Nesse caso, podem atuar todos os que estejam na plenitude de sua capacidade civil. Nesse campo atuam, por exemplo, os corretores de espetáculos públicos, de atletas profissionais, de automóveis, de obras de arte, de móveis etc.

Portanto, corretores de imóveis, por estarem sujeitos à regulação própria (Lei n. 6.530, de 12 de maio de 1978), são considerados oficiais. Somente pode atuar como corretor imobiliário aquele com inscrição no Conselho Regional de Corretores de Imóveis (Creci) da jurisdição respectiva (Brasil, 1978).

— 6.8.10 —
Seguro

O contrato de seguro tem aplicabilidade prática tanto no campo pessoal quanto comercial porque tem o condão de abranger um leque considerável de interesses individuais e coletivos, tendo por objeto direitos patrimoniais e de cunho pessoal.

Há uma vasta normatização sobre o tema, que engloba os arts. 757 a 802 do Código Civil, o que se verá a seguir.

Conceito e natureza jurídica

Conforme prevê o art. 757 do Código Civil, o seguro é o contrato no qual o segurador recebe pagamento de um prêmio pelo segurado e, com isso, garante um interesse legítimo do segurado. Esse interesse, por sua vez, está relacionado com algum aspecto da vida do segurado, seja sua saúde, seja sua própria vida, seja determinado bem, como uma casa, um automóvel, entre outros.

Essa "garantia" toma como base eventuais riscos predeterminados que o bem segurado pode ter. No caso da saúde, alguma doença; no caso de um bem móvel, algum dano em sua estrutura. Como explica Rizzardo (2021, p. 788), o seguro é o contrato no qual:

> um dos contratantes (segurador) se obriga a garantir, mediante o recebimento de uma determinada importância, denominada prêmio, interesse legítimo de uma pessoa (segurado), relativamente ao que vier a mesma a sofrer, ou aos prejuízos que decorrerem a uma coisa, resultantes de riscos futuros, incertos e especificamente previstos.

Trata-se de um contrato bilateral (duas ou mais partes), oneroso (cada sujeito assume vantagens, obrigações e deveres) e consensual, pois deriva de vontade das partes em contratar. Como ressalta Gomes (2019, p. 417, grifo do original):

> Conquanto a obrigação do *segurador* seja condicional, há interdependência das obrigações que gera tanto para uma como para a outra parte. Obriga-se o segurado o pagar o *prêmio*. Do cumprimento dessa obrigação depende o seu direito a exigir do *segurador* o pagamento da quantia estipulada, caso se verifique o acontecimento a que se subordina a obrigação deste.

O seguro tem natureza aleatória, já que o "risco é fator determinante do negócio em decorrência da possibilidade de ocorrência do sinistro, evento futuro e incerto com o qual o contrato mantém relação" (Tartuce, 2021a, p. 752).

Por esse motivo, aliás, a indenização devida pelo seguro contratado somente é paga quando ocorrido eventual evento futuro e incerto (aleatório).

Elementos constitutivos

Os sujeitos do seguro são a seguradora e o segurado. Quando se trata de um contrato de seguro de vida, tem-se, ainda, a figura do beneficiário, alguém escolhido pelo contratante para receber a indenização caso o segurado faleça, por exemplo.

As seguradoras, para atuarem nesse campo contratual, são pessoas jurídicas devidamente constituídas e autorizadas por órgão competente, que tem o condão de verificar se a empresa seguradora atende às condições mínimas de atuação no mercado. No Brasil, esse órgão é a Superintendência de Seguros Privados (Susep).

O interesse que está envolvido no contrato, ou seja, o objeto do seguro deve ter expressão econômica, até mesmo para fins de valoração da indenização, bem como precisa ser passível de ser submetido a alguma ameaça ou a algum tipo risco para justificar o seguro. No caso de um automóvel, por exemplo, o fato de poder envolver-se em um acidente e ter sua lataria amassada ou motor danificado.

Dito isso, qualquer coisa que tenha "conteúdo do patrimônio ou atividade humana pode ser objeto de seguro" (Manica, 2010, p. 27).

Ato contínuo, o contrato deve ser formulado com base em riscos predeterminados que podem atingir o bem segurado e, para um mesmo bem, podem existir diferentes seguros. Para visualizar essa hipótese, podemos pensar em um veículo em relação ao qual é possível contratar seguro em caso de roubo e/ou acidente. Esses fatores (roubo, acidente) são os riscos predeterminados que, se acontecerem, geram o direito à indenização do segurado.

Ressaltamos que o eventual roubo ou acidente envolvendo o veículo do exemplo anterior são acontecimentos futuros e incertos, os quais devem ser devidamente indicados em contrato. São eles que podem gerar um dano ao segurado. Todavia, quando da contratação, não se sabe se acontecerão ou não.

Como obrigação do segurado, está o pagamento do chamado *prêmio*. Diante do caráter aleatório do seguro, o valor do prêmio deve ser pago independentemente de uma contraprestação do segurador, ou seja, a despeito de o risco acontecer ou não. O valor do prêmio é calculado com base no risco.

A indenização, por sua vez, compete ao segurador, sendo essa sua obrigação. No que tange ao valor a ser pago, cabe suscitar as diferenças em cada tipo de seguro. Assim, caso o contrato tenha por objeto, por exemplo, saúde, vida, o valor da indenização será exatamente o montante ajustado entre as partes.

Se o seguro é de um bem material, o valor da indenização, de regra, utiliza referenciais de mercado. No caso de um veículo, por exemplo, podem servir de base os valores da tabela da Fundação Instituto de Pesquisas Econômicas (Fipe).

Se o segurado estiver em mora com os prêmios, a indenização não será paga, haja vista que, se o sinistro acontecer antes do adimplemento (purgação), entende-se que o contrato de seguro não estava vigente.

Dá-se o nome de *sinistro* ao fato futuro e incerto devidamente coberto pelo seguro. Isso porque, como explica Gomes (2019, p. 416):

> Quando o evento que produz o dano é infeliz, chama-se sinistro. Assim, o incêndio. Tal evento é *aleatório*, mas o perigo de que se verifique sempre existe. Por isso se diz, com toda procedência, que o contrato de seguro implica *transferência de risco*, valendo, portanto, ainda que o sinistro não se verifique, como se dá, aliás, as mais das vezes.

Em outras palavras, quando o evento incerto previsto no contrato realmente acontecer, temos o sinistro, gerando o direito à indenização. Tão logo aconteça o sinistro, é dever do segurado comunicá-lo ao segurador, inclusive sob pena de perder a indenização.

Com relação ao segurador (ou seguradora), além de ser o destinatário do prêmio, é ele quem assume o risco lançado em contrato, tendo como obrigação respectiva o pagamento da indenização caso o sinistro se concretize.

O segurado é a pessoa natural ou jurídica que busca a contratação de um seguro como garantia àquilo que lhe é valioso e merece ser salvaguardado. Por isso que, ao firmar o contrato, cabe ao segurado indicar detalhadamente o que pretende que seja coberto.

No seguro de vida, é possível que o contrato seja realizado em favor de terceiro, denominado *beneficiário*. Esse terceiro é quem receberá a indenização.

A lei não traz previsão sobre a forma para o contrato de seguro, bastando que seja emitida a apólice ou o bilhete do seguro:

> As apólices (contratos de seguro) contêm um conjunto de cláusulas contratuais, chamadas, em conjunto, Condições Contratuais, que estabelecem as obrigações e direitos do Segurado e do Segurador.
>
> As condições contratuais podem agregar:
>
> - Condições Gerais: conjunto das cláusulas, comuns a todas as modalidades e/ou coberturas de um plano de seguro,

que estabelecem as obrigações e os direitos das partes contratantes. Por exemplo, estão entre as cláusulas obrigatoriamente presentes, nas condições gerais, aquelas que estabelecem o objeto do seguro, o foro, as obrigações do segurado etc.;

- Condições Especiais: conjunto das disposições específicas relativas a cada modalidade e/ou cobertura de um plano de seguro, que eventualmente alteram as Condições Gerais, ampliando ou restringindo as suas disposições;
- Condições Particulares: conjunto de cláusulas que alteram as Condições Gerais e/ou Especiais de um plano de seguro, modificando ou cancelando disposições já existentes, ou, ainda, introduzindo novas disposições e eventualmente ampliando ou restringindo a cobertura; são especificadas para cada contrato, pois individualizam determinados tópicos ou coberturas de um contrato em particular. (Susep, 2022)

Ainda, de acordo com Rizzardo (2021, p. 790):

Constitui a apólice o instrumento probatório do contrato de seguro, devendo conter a enumeração dos riscos transferidos ao segurador, os dados sobre o prazo de vigência e as obrigações assumidas pelas partes. Deverá ser precedida de proposta escrita, enviada naturalmente pelo segurador, para viabilizar a análise ponderada do candidato ao seguro [...]. Acontece que a apólice é o título do contrato de seguro, devendo as relações estar disciplinadas no contrato. Os riscos assumidos pelo segurador são exclusivamente os assinalados na apólice, dentro dos limites por ela fixados, não se admitindo a interpretação extensiva, nem analógica.

Inexistindo apólice ou bilhete, qualquer outro documento comprobatório do pagamento do prêmio já serve para provar a existência do contrato.

Fazem parte de qualquer contrato de seguro: a proposta, com as condições gerais da contratação, detalhando os interesses e obrigações das partes; a apólice, que, como dito, é o documento no qual são lançadas as principais informações do contrato de seguro; ou o bilhete, substitutivo da apólice e no qual também constarão as principais informações do seguro.

Espécies de seguro

Haja vista que o leque de bens que podem ser segurados é vasto, da mesma forma, vários são os tipos de contrato de seguro. Eles podem envolver a vida, uma casa, um veículo, uma atividade profissional, uma viagem etc.

Nesse rol de possibilidades, costuma-se fazer uma primeira classificação que divide os seguros em: seguros pessoais, que envolvem danos que possam atingir determinada pessoa; e seguros materiais (ou seguros de danos), que cobrem sinistros que possam ocorrer com determinado bem ou coisa.

Gomes (2019, p. 418, grifo do original) esclarece:

> No grupo das operações designadas como (seguro de dano), compreendem-se os seguros para a cobertura dos riscos de fogo, transportes, acidentes e outros acontecimentos danosos. Constituem operações dessa classe os *seguros marítimos, terrestres e aeronáuticos*. No grupo dos *seguros de* [pessoa] incluem-se os que garantem a pessoa do segurado contra os riscos a que estão expostas sua existência, sua integridade física e sua saúde. Pertencem a esta categoria os *seguros sociais*, que hoje constituem objeto de previdência, organizada em instituições paraestatais. Não são, com efeito, *seguros privados*. Dentre estes, têm importância maior os *seguros de vida stricto sensu* e os *seguros contra acidentes*. A principal diferença entre os dois grupos reside na índole do pagamento devido pela empresa seguradora. Nas operações de seguros dos ramos elementares, a obrigação do segurador consiste numa *indenização*, se o *sinistro* ocorrer. Nos seguros de (pessoa0, não há reparação de um *dano*, sendo impossível, em consequência, o *superseguro*. A distinção segundo a natureza do *risco* faz-se, em doutrina, de modo mais correto, classificando-se modalidades do contrato, em *seguros de pessoas* e *seguros de coisas* ou de *danos*.

Feita essa primeira classificação, ainda é possível uma nova subdivisão. No seguro de um bem, por exemplo, os riscos segurados podem ser incêndios, intempéries, roubos, acidentes, cada um gerando um tipo de cobertura.

No seguro pessoal, por sua vez, por ter relação com a vida de um ser humano, os riscos serão atinentes à própria existência (vida *versus* morte) e higidez física do segurado (saúde). Por isso, há seguros de vida que englobam procedimentos médicos, cirurgias, tratamentos, perda de capacidade laborativa, e morte.

Por fim, em uma última classificação dos seguros, eles podem ser individuais ou coletivos. Os primeiros ocorrem quando o segurado é apenas um, sem maiores digressões. Já os coletivos, também conhecidos como *seguros em grupo*, são bastante comuns quando contratados por empresas (empregadores) em favor de seus funcionários, justamente para cobrir algum risco que a atividade laboral possa oferecer.

— 6.8.11 —
Trespasse

No âmbito dos contratos que podem ser firmados no exercício de uma atividade empresarial, o trespasse, sem sombra de dúvida, é um dos mais importantes. Seu estudo transita entre o direito contratual e o direito empresarial.

Os dispositivos legais que tratam do assunto no Código Civil vão do art. 1.142 ao 1.149. Esses artigos trazem a noção de estabelecimento, o qual deve ser compreendido como o complexo de bens voltados ao desenvolvimento da atividade empresarial. Como explica Sacramone (2021, p. 40):

Para exercer profissionalmente atividade econômica organizada para a produção ou para a circulação de bens ou de serviços, conforme definido no art. 966 do Código Civil, o empresário necessita aparelhar-se de um complexo de bens. O estabelecimento empresarial não é a empresa, caracterizada preponderantemente como atividade. Tampouco se confunde com o empresário, sujeito da atividade e titular dos direitos e obrigações dela decorrentes. Estabelecimento é o objeto, a base econômica, o instrumento utilizado pelo empresário para o desenvolvimento da empresa.

No estabelecimento, reúnem-se maquinários, veículos, balcões, vitrines e a própria edificação onde se localiza a sede ou a filial da empresa. Trata-se tanto de bens corpóreos, ou seja, de natureza concreta, quanto incorpóreos, bens abstratos, a exemplo de *softwares*, marcas, patentes etc.

A união desses bens configura o que se denomina *universalidade*, motivo pelo qual esse complexo de bens é objeto de negociação, que, por sua vez, ocorre por meio do contrato de trespasse.

Conceito e natureza jurídica

Conforme destacado anteriormente, o trespasse é um contrato de alienação de um estabelecimento empresarial. Portanto, como explica Sacramone (2021, p. 42):

> Como complexo de bens organizado pelo empresário para determinada atividade, o estabelecimento empresarial forma uma unidade abstrata, incorpórea, que transcende a unidade

dos bens, materiais ou imateriais, que o compõem. Trata-se de universalidade de fato, definida pelo art. 1.142 do Código Civil, como "todo complexo de bens organizado, para exercício da empresa, por empresário, ou por sociedade empresária". Em decorrência dessa unidade, o estabelecimento pode ser objeto de negócios jurídicos, translativos ou constitutivos, que sejam compatíveis com a sua natureza. Pode, assim, o estabelecimento empresarial ser alienado, onerado com usufruto, arrendado. De modo a preservar os terceiros, esses contratos, contudo, somente produzirão efeitos, quanto a terceiros, depois de averbados à margem da inscrição do empresário ou da sociedade empresária no Registro Público de Empresas Mercantis e de publicados na imprensa oficial (art. 1.144). A falta de averbação e de publicidade na imprensa oficial não acarreta a invalidade do negócio jurídico de alienação. Exige-se a averbação e a publicidade apenas como condição de eficácia perante terceiros. [...] A alienação do estabelecimento empresarial é conhecida por trespasse. Consiste na transferência, mediante o pagamento de um preço, do direito de propriedade sobre todos os bens organizados pelo alienante para que a atividade empresarial possa ser explorada pelo adquirente.

Havendo a venda do estabelecimento, ocorre, de igual forma, a transferência de titularidade do complexo de bens.

Como lembra Tomazete (2020, p. 142), "tratando-se de uma universalidade de fato, é certo que o estabelecimento pode ser alienado como um todo, como uma coisa coletiva". Todavia, para que surtam efeitos, como destacado no trecho anterior e como se verá a seguir, são necessárias sua averbação e sua publicidade.

No mais, o trespasse é um contrato bilateral e oneroso, já que ambos os sujeitos, o alienante e o adquirente, assumem obrigações e deveres. O alienante é o empresário ou comerciante que transfere seu estabelecimento mediante o recebimento de um preço; o comprador é quem adquire o estabelecimento para nele desenvolver uma atividade empresarial.

Condições e eficácia

A alienação do estabelecimento, ou trespasse, pode surtir efeitos não só para as partes envolvidas, mas também para terceiros. Por essa razão, exige-se a averbação do contrato na inscrição do empresário, ou da sociedade empresária, no órgão competente, como no caso da Junta Comercial.

É bastante comum que a alienação do estabelecimento ocorra em uma situação de crise envolvendo o comerciante/empresário alienante. A venda, aliás, vem como forma de conseguir meios para saldar dívidas.

Dito isso, da leitura do art. 1.145 do Código Civil, verificamos expressa previsão no sentido de que, se ao alienante não restarem outros bens suficientes para cobrir seu passivo, a eficácia da alienação do estabelecimento fica comprometida, somente se perfectibilizando caso se constate o pagamento de todos os credores, ou haja o consentimento deles, de modo expresso ou tácito. Isso deve acontecer no prazo de 30 dias, a partir de respectivas notificações. Dessa forma, a venda do estabelecimento em situação de crise depende da manifestação dos credores ou da quitação respectiva.

A noção de *trespasse* revela a ideia de "passar adiante", ocorrendo uma espécie de sucessão. Nesse sentido, o art. 1.146 do Código Civil determina que o adquirente do estabelecimento assume os débitos anteriores à transferência, contabilizados quando da alienação, já que é de conhecimento prévio do adquirente. O devedor primitivo, ou seja, o alienante, continua obrigado solidariamente pelo período de um ano. De modo geral:

> Ainda que o alienante não seja insolvente, para que os credores sejam efetivamente pagos, atribui a lei a este responsabilidade solidária pelos débitos da atividade empresarial antes da alienação, além de assegurar a responsabilidade também do adquirente. O alienante é responsável solidário pelas referidas dívidas pelo prazo de um ano. O referido prazo se inicia, quanto aos débitos já vencidos, da publicação do trespasse na imprensa oficial e, quanto aos débitos vincendos, de seu vencimento. Nos termos do art. 1.146 do Código Civil, o adquirente será responsável pelos débitos anteriores à transferência, desde que regularmente contabilizados. A obrigação de contabilização dos débitos evita que o adquirente do estabelecimento seja surpreendido por dívidas que desconhecia. Pelo trespasse, nesses termos, haverá sucessão nas obrigações ao adquirente, mas apenas das regularmente contabilizadas. No tocante aos débitos, o Código Tributário Nacional submete a responsabilidade pelos tributos em razão do trespasse a regras especiais. O adquirente de estabelecimento empresarial que continuar a respectiva exploração, sob a mesma ou

sob outra razão social ou sob firma ou nome individual, responde pelos tributos, relativos ao estabelecimento adquirido, devidos até a data do contrato (Sacramone, 2021, p. 42)

De acordo com o art. 1.147 do Código Civil, existe ainda, com relação ao trespasse, a chamada *trava de concorrência*. Em suma, caso não exista autorização expressa em contrato (de modo a ter sido claramente negociado pelas partes), o alienante do estabelecimento não poderá praticar outra atividade em nítida concorrência ao adquirente pelo prazo de cinco anos, contados da transferência.

Efetivada a alienação do estabelecimento, ocorre uma sub-rogação do adquirente em relação aos contratos que já existiam ao tempo da transferência, de modo a "permitir o prosseguimento dessa atividade pelo adquirente como era exercida pelo alienante"[15] (Sacramone, 2021, p. 42).

Essa sub-rogação somente não ocorrerá caso se trate de contratos com natureza pessoal. Nesse caso, terceiros que não concordarem com a sub-rogação têm o direito de rescindir o contrato em 90 dias, a contar da publicação da transferência, conforme permite o art. 1.148 do Código Civil.

---

5   Nesses termos, inclusive a posição de locatário é sub-rogada pelo adquirente do estabelecimento empresarial, desde que não haja caráter pessoal em sua contratação. Conforme Enunciado n. 8 da I Jornada de Direito Comercial, "a sub-rogação do adquirente nos contratos de exploração atinentes ao estabelecimento adquirido, desde que não possuam caráter pessoal, é a regra geral, incluindo o contrato de locação (Sacramone, 2021, p. 42).

Considerações finais

Um dos principais temas do direito, sem sombra de dúvida, são as obrigações, entre as quais se destacam os contratos como uma das fontes obrigacionais mais relevantes, uma vez que geram direitos e deveres entre sujeitos.

Sabemos que o estudo das obrigações e dos contratos exige que o operador do direito disponha de caminhos que possibilitem o aprofundamento do tema conforme a necessidade que se revele em um caso concreto. Portanto, um dos papéis desta obra é justamente servir de ferramenta para ajudar o profissional do direito a encontrar esses caminhos. Mesmo que a análise das obrigações e dos contratos não se esgote neste livro, buscamos realizar uma abordagem geral sobre o tema, trazendo ao leitor alguns conceitos e requisitos essenciais dos tipos obrigacionais e contratuais existentes na lei pátria. Além dos referenciais legais, também apresentamos suporte doutrinário e casos práticos consubstanciados em julgados dos tribunais pátrios.

Nesse contexto, o conteúdo desenvolvido teve por escopo analisar as obrigações previstas em nossa lei civilista, suas características, suas classificações e seus efeitos, haja vista inúmeros direitos e deveres que decorrem das relações obrigacionais e que perpassam diferentes outras searas jurídicas.

Para tanto, foram abordados os elementos referentes à formação, à revisão e à extinção das obrigações e dos contratos. Para permitir mais familiaridade com o tema, apontamos alguns dos tipos obrigacionais e contratuais mais usuais, como a entrega de coisa certa, obrigação que podemos verificar em uma compra e venda, por exemplo,

Na divisão estrutural do presente livro, os quatro primeiros capítulos foram dedicados às obrigações, e os dois últimos, ao estudo dos contratos.

Inicialmente, apresentamos breves noções históricas a respeito das obrigações, que se relacionam com a evolução das relações humanas e a necessidade de regras e limites com relação aos deveres assumidos e às consequências por eventuais descumprimentos. Também examinamos alguns conceitos doutrinários de obrigação, suas fontes e princípios aplicáveis, entre os quais destacamos a autonomia da vontade e a boa-fé.

Em seguida, tratamos das modalidades e das classificações obrigacionais, como a obrigação de dar coisa certa e coisa incerta, a obrigação de restituir, a obrigação de fazer e a de não fazer, além das obrigações solidárias, principais, acessórias e conforme a execução, termo ou resultado. Ainda, abordamos as questões atinentes à transmissão de obrigações, como cessão, assunção e mudança de posição contratual.

Evidenciamos, na sequência, o cumprimento e o descumprimento das obrigações, que se relacionam com as noções de adimplemento (requisitos, formas e efeitos) e inadimplemento (atraso, não pagamento e respectivas consequências jurídicas).

Os institutos das arras e das garantias (a exemplo da fiança e do aval) foram objeto de estudo, uma vez que servem de reforço ao cumprimento das obrigações. Também abordamos o enriquecimento ilícito, ou enriquecimento sem justa causa, como prevê o art. 884 do Código Civil de 2002.

Iniciamos o tema dos contratos indicando alguns conceitos e princípios aplicáveis, como equilíbrio, autonomia da vontade, força obrigatória e relatividade, bem como a necessidade de observância de alguns requisitos formativos, como a capacidade das partes, a definição do objeto e a manifestação do consentimento. Tratamos também das fases pelas quais uma relação contratual pode passar, entre elas, a negociação, a proposta, o contrato preliminar e, por fim, o contrato principal, ou definitivo. Ainda discutimos as possibilidades interpretativas contratuais, com destaque dessa aplicação em cenários de conflitos envolvendo contratos já firmados.

Por fim, buscamos encerrar o tema dos contratos trazendo suas classificações (conforme o número de sujeitos, formalidades, prazo, entre outros), as questões atinentes à responsabilidade, tanto na fase pré quanto pós-contratual, e, ainda, eventuais vícios e situações que revelem a necessidade de revisão de previsões contratuais ou, em último caso, até mesmo a resolução do pacto.

Concluímos a obra com uma série de contratos em espécies, abordando seus conceitos, natureza jurídica, elementos constitutivos e efeitos. Citamos os contratos de compra e venda, troca ou permuta, doação, locação (de bens móveis e imóveis), prestação de serviços e empreitada, comissão, agência e distribuição, corretagem, seguro e trespasse, este último de natureza tipicamente empresarial.

A intenção foi instigar o leitor a desenvolver uma leitura crítica e fornecer instrumentos que permitam a melhor aplicabilidade prática das questões mais relevantes relacionadas às obrigações e aos contratos.

Referências

AGU – Advocacia-Geral da União. Adimplemento substancial. **AGU Explica.** Disponível em: <https://www.youtube.com/watch?v=-P1WG7k7Bew>. Acesso em: 10 out. 2022a.

AGU – Advocacia-Geral da União. Contrato de garantia e benefício do ordem. **AGU Explica.** Disponível em: <https://www.youtube.com/watch?v=GytR836QxD0>. Acesso em: 10 out. 2022b.

AGU – Advocacia Geral da União. Tradição de bens móveis. **AGU Explica.** Disponível em: <https://www.youtube.com/watch?v=W58OXdCZNl0>. Acesso em: 10 out. 2022c.

BRASIL. Conselho da Justiça Federal. Enunciado n. 31. JORNADA DE DIREITO COMERCIAL, 1., 2013, Brasília, DF, **Anais**... Disponível em: <https://www.cjf.jus.br/cjf/corregedoria-da-justica-federal/centro-de-estudos-judiciarios-1/publicacoes-1/jornadas-de-direito-comercial/livreto-i-jornada-de-direito-comercial.pdf/>. Acesso em: 10 out. 2022.

BRASIL. Conselho da Justiça Federal. Enunciado n. 161. JORNADA DE DIREITO CIVIL, 3., 2004a, Brasília, DF, **Anais**... Disponível em: <https://www.cjf.jus.br/cjf/corregedoria-da-justica-federal/centro-de-estudos-judiciarios-1/publicacoes-1/jornadas-cej/iii-jornada-de-direito-civil-1.pdf>. Acesso em: 10 out. 2022.

BRASIL. Conselho da Justiça Federal. Enunciado n. 167. JORNADA DE DIREITO CIVIL, 3., 2004b, Brasília, DF, **Anais**... Disponível em: <https://www.cjf.jus.br/cjf/corregedoria-da-justica-federal/centro-de-estudos-judiciarios-1/publicacoes-1/jornadas-cej/iii-jornada-de-direito-civil-1.pdf>. Acesso em: 10 out. 2022.

BRASIL. Conselho da Justiça Federal. Enunciado n. 366. JORNADA DE DIREITO CIVIL, 4., 2007a, Brasília, DF, **Anais**... Disponível em: <https://www.cjf.jus.br/cjf/corregedoria-da-justica-federal/centro-de-estudos-judiciarios-1/publicacoes-1/jornadas-cej/IV%20Jornada%20volume%20I.pdf>. Acesso em: 10 out. 2022.

BRASIL. Constituição (1988). **Diário Oficial da União**, Poder Legislativo, Brasília, DF, 5 out. 1988. Disponível em: <http://www.planalto.gov.br/ccivil_03/constituicao/constituicao.htm>. Acesso em: 10 out. 2022.

BRASIL. Decreto n. 22.626, de 7 de abril de 1933. **Diário Oficial**, Poder Executivo, Rio de Janeiro, RJ 8 abr. 1933. Disponível em: <http://www.planalto.gov.br/ccivil_03/decreto/d22626.htm>. Acesso em: 10 out. 2022.

BRASIL. Lei n. 4.886, de 9 dezembro de 1965. **Diário Oficial da União**, Poder Legislativo, Brasília, DF, 10 dez. 1965. Disponível: <http://www.planalto.gov.br/ccivil_03/leis/l4886.htm>. Acesso em: 10 out. 2022.

BRASIL. Lei n. 5.172, de 25 de outubro de 1966. **Diário Oficial da União**, Poder Legislativo, Brasília, DF, 27 out. 1966. Disponível em: <http://www.planalto.gov.br/ccivil_03/leis/l5172compilado.htm>. Acesso em: 10 out. 2022.

BRASIL. Lei n. 6.530, de 12 de maio de 1978. **Diário Oficial da União**, Poder Executivo, Brasília, DF, 15 maio 1978. Disponível em: <http://www.planalto.gov.br/ccivil_03/leis/l6530.htm>. Acesso em: 10 out. 2022.

BRASIL. Lei n. 7.357, de 2 de setembro de 1985. **Diário Oficial da União**, Poder Legislativo, Brasília, DF, 3 set. 1985. Disponível em: <http://www.planalto.gov.br/ccivil_03/leis/l7357.htm>. Acesso em: 10 out. 2022.

BRASIL. Lei n. 8.078, de 11 de setembro de 1990. **Diário Oficial da União**, Poder Legislativo, Brasília, DF, 12 set. 1990. Disponível em: <http://www.planalto.gov.br/ccivil_03/leis/l8078compilado.htm>. Acesso em: 10 out. 2022.

BRASIL. Lei n. 8.245, de 18 de outubro de 1991. **Diário Oficial da União**, Poder Executivo, Brasília, DF, 21 out. 1991. Disponível em: <http://www.planalto.gov.br/ccivil_03/leis/l8245.htm>. Acesso em: 30 jun. 2022.

BRASIL. Lei n. 9.514, de 20 de novembro de 1997. **Diário Oficial da União**, Poder Executivo, Brasília, DF, 21 nov. 1997. Disponível em: <http://www.planalto.gov.br/ccivil_03/leis/l9514.htm>. Acesso em: 30 jun. 2022.

BRASIL. Lei n. 10.406, de 10 de janeiro de 2002. **Diário Oficial da União**, Poder Legislativo, Brasília, DF, 11 jan. 2002. Disponível em: <http://www.planalto.gov.br/ccivil_03/leis/2002/l10406compilada.htm>. Acesso em: 10 out. 2022.

BRASIL. Lei n. 12.112, de 9 de dezembro de 2009. **Diário Oficial da União**, Poder Legislativo, Brasília, DF, 10 dez. 2009a. Disponível em: <http://www.planalto.gov.br/ccivil_03/_ato2007-2010/2009/lei/l12112.htm>. Acesso em: 10 out. 2022.

BRASIL. Lei n. 12.246, de 27 de maio de 2010. **Diário Oficial da União**, Poder Legislativo, Brasília, DF, 28 maio 2010. Disponível em: <http://www.planalto.gov.br/ccivil_03/_ato2007-2010/2010/lei/L12246.htm>. Acesso em: 10 out. 2022.

BRASIL. Lei n. 13.105, de 16 de março de 2015. **Diário Oficial da União**, Poder Legislativo, Brasília, DF, 17 mar. 2015. Disponível em: <http://www.planalto.gov.br/ccivil_03/_ato2015-2018/2015/lei/l13105.htm>. Acesso em: 10 out. 2022.

BRASIL. Lei n. 13.874, de 20 de setembro de 2019. **Diário Oficial da União**, Poder Executivo, Brasília, DF, 20 set. 2019. Disponível em: <http://www.planalto.gov.br/ccivil_03/_ato2019-2022/2019/lei/L13874.htm>. Acesso em: 10 out. 2022.

BRASIL. Superior Tribunal de Justiça. Recurso Especial n. 259.726/RJ. Relator: Min. Jorge Scartezzini, julgado em: 3 ago. 2004. **Diário da Justiça**, Brasília, DF, 27 set. 2004c. Disponível em: <https://stj.jusbrasil.com.br/jurisprudencia/19370319/recurso-especial-resp-259726-rj-2000-0049555-7/inteiro-teor-19370320>. Acesso em: 10 out. 2022.

BRASIL. Superior Tribunal de Justiça. Recurso Especial n. 886.757/RS. Relator: Min. Teori Albino Zavascki, julgado em: 15 fev. 2007. **Diário da Justiça Eletrônico**, Brasília, DF, 26 mar. 2007b. Disponível em: <https://processo.stj.jus.br/processo/pesquisa/?num_registro=200601677953&aplicacao=processos.e>. Acesso em: 10 out. 2022.

BRASIL. Superior Tribunal de Justiça. Recurso Especial n. 1.170.188/ DF. Relator: Min. Luís Felipe Salomão, julgado em: 25 fev. 2014. **Diário da Justiça Eletrônico**, Brasília, DF, 25 mar. 2014. Disponível em: <https://processo.stj.jus.br/processo/pesquisa/?tipoPesquisa= tipoPesquisaNumeroRegistro&termo=200902392396&totalReg istrosPorPagina=40&aplicacao=processos.ea>. Acesso em: 10 out. 2022.

BRASIL. Superior Tribunal de Justiça. Recurso Especial n. 1.332.112-GO. Relator: Min. Luís Felipe Salomão, julgado em: 21 mar. 2013. **Diário da Justiça Eletrônico**, Brasília, DF, 17 abr. 2013b. Disponível em: <https://stj.jusbrasil.com.br/jurisprudencia/23101698/ recurso-especial-resp-1332112-go-2012-0135223-7-stj/relatorio-e-voto-23101700>. Acesso em: 10 out. 2022.

BRASIL. Superior Tribunal de Justiça. Recurso Especial n. 1.622.555/ MG. Relator: Min. Marco Buzzi, julgado em: 16 mar. 2017. **Diário da Justiça Eletrônico**, Brasília, DF, 16 mar. 2017. Disponível em: <https://processo.stj.jus.br/processo/revista/documento/ mediado/?componente=ATC&sequencial=69713491&num_registro =201502797328&data=20170316&tipo=5&formato=PDF>. Acesso em: 10 out. 2022.

BRASIL. Superior Tribunal de Justiça. Súmula n. 370, de 16 de fevereiro de 2009. **Diário de Justiça Eletrônico**, Brasília, DF, 25 fev. 2009b. Disponível em: <https://www.stj.jus.br/docs_internet/ revista/eletronica/stj-revista-sumulas-2013_33_capSumula370. pdf>. Acesso em: 30 jun. 2022.

COUTO E SILVA, C. V. do. **A obrigação como processo**. Rio de Janeiro: FGV, 2006.

DISTRITO FEDERAL. Tribunal de Justiça. **Das arras ou sinal**. 2015. Disponível em: <https://www.tjdft.jus.br/institucional/imprensa/ campanhas-e-produtos/direito-facil/edicao-semanal/das-arras-ou-sinal>. Acesso em: 10 out. 2022.

GOMES, O. **Contratos**. 27. ed. rev., atual. Rio de Janeiro: Forense, 2019.

LÔBO, P. **Direito civil**: contratos. São Paulo: Saraiva, 2021. v. 3.

MANICA, L. **O contrato de seguro de vida**. 110 f. Trabalho de Conclusão de Curso (Graduação em Direito) – Centro de Ciências Jurídicas e Sociais, Universidade Federal do Rio Grande do Sul, Porto Alegre, 2010. Disponível em: <https://www.lume.ufrgs.br/bitstream/handle/10183/26993/000762919.pdf?sequence=1>. Acesso em: 10 out. 2022.

MARTINS-COSTA, J. **A boa-fé no direito privado**: critérios para a sua aplicação. 2. ed. São Paulo: Saraiva Educação, 2018.

MIRAGEM, B. **Direito das obrigações**. 3. ed. rev. e ampl. Rio de Janeiro: Forense, 2021.

NADER, P. **Curso de direito civil**: obrigações. 9. ed. Rio de Janeiro: Forense, 2019. v. 2.

NEGRÃO, R. **Curso de direito comercial e de empresa**: títulos de crédito e contratos empresariais. 9. ed. São Paulo: Saraiva, 2020. v. 2.

PARANÁ. Tribunal de Justiça. Ação de Cobrança n. 209.691-1, Curitiba. Relator: Des. Lauri Caetano da Silva, julgado em: 22 de maio de 2003. **Diário da Justiça Eletrônico**, 22 maio 2003. Disponível em: <https://portal.tjpr.jus.br/jurisprudencia/j/1175025/Acordao-209691-1#>. Acesso em: 10 out. 2022.

PARANÁ. Tribunal de Justiça. Agravo de Instrumento n. 45830-07.2019.8.16.0000, Ponta Grossa. Relator: Des. Luciano Carrasco Falavinha Souza, julgado em: 27 de maio de 2020. **Diário da Justiça Eletrônico**, 28 maio 2020a. Disponível em: <https://portal.tjpr.jus.br/jurisprudencia/j/4100000010915991/Acordao-0045830-07.2019.8.16.0000#>. Acesso em: 10 out. 2022.

PARANÁ. Tribunal de Justiça. Apelação Cível n. 6070-54.2018.8.16.0075, Cornélio Procópio. Relator: Des. Octavio Campos Fischer, julgado em: 9 de setembro de 2021. **Diário da Justiça Eletrônico**, 9 set. 2021a. Disponível em: <https://portal.tjpr.jus.br/jurisprudencia/j/4100000017271301/Acordao-0006070-54.2018.8.16.0075#>. Acesso em: 10 out. 2022.

PARANÁ. Tribunal de Justiça. Apelos n. 590-32.2018.8.16.0096, Iretama. Relator: Des. Leonel Cunha, julgado em: 18 de maio de 2020. **Diário da Justiça Eletrônico**, 28 maio 2020b. Disponível em: <https://portal.tjpr.jus.br/jurisprudencia/j/4100000012466251/Acordao-0000590-32.2018.8.16.0096#>. Acesso em: 10 out. 2022.

PARANÁ. Tribunal de Justiça. Recurso Inominado n. 10049-19.2019.8.16.0130, Paranavaí. Relator: Des. Aldemar Sternadt, julgado em: 28 de junho de 2021. **Diário da Justiça Eletrônico**, 28 jun. 2021b. Disponível em: <https://portal.tjpr.jus.br/jurisprudencia/j/2100000014538371/Acordao-0010049-19.2019.8.16.0130#>. Acesso em: 10 out. 2022.

PARANÁ. Tribunal de Justiça. Recurso Inominado Cível n. 35043-18.2020.8.16.0182, Curitiba. Relator: Juiz Fernando Swain Ganem, julgado em: 23 de agosto de 2021. **Diário da Justiça Eletrônico**, 25 ago. 2021c. Disponível em: <https://portal.tjpr.jus.br/jurisprudencia/j/2100000017895751/Acordao-0035043-18.2020.8.16.0182#>. Acesso em: 10 out. 2922.

PARANÁ. Tribunal de Justiça. Recurso Inominado n. 45620-74.2020.8.16.0014, Londrina. Relatora: Juíza Camila Henning Salmoria, julgado em: 25 de outubro de 2021. **Diário da Justiça Eletrônico**, 25 out. 2021d. Disponível em: <https://portal.tjpr.jus.br/jurisprudencia/j/2100000018333971/Acordao-0045620-74.2020.8.16.0014#>. Acesso em: 10 out. 2022.

PEREIRA, C. M. da S. **Instituições de direito civil**: teoria geral das obrigações. 32. ed. rev. e atual. Rio de Janeiro: Forense, 2020. v. 2.

PFEIFFER, R. A. C. Lei da Liberdade Econômica é bem-vinda, mas não aplicável às relações de consumo. **Revista Consultor Jurídico**, 30 dez. 2019. Disponível em: <https://www.conjur.com.br/2019-dez-30/direito-civil-atual-lei-liberdade-economica-bem-vinda>. Acesso em: 10 out. 2022.

RIZZARDO, A. **Contratos**. 19. ed. rev., atual. e ampl. Rio de Janeiro: Forense, 2021.

RIZZARDO, A. **Direito das obrigações**. 9. ed. rev., atual. e ampl. Rio de Janeiro: Forense, 2018.

SACRAMONE, M. B. **Manual de direito empresarial**. 2. ed. São Paulo: Saraiva Educação, 2021.

SANTA CATARINA. Tribunal de Justiça. Apelação Cível n. 300737-24.2016.8.24.0066, Anchieta. Relator: Des. Luiz Zanelato, julgado em: 12 de novembro de 2020. **Diário da Justiça**, 12 nov. 2020.

SUSEP – Superintendência de Seguros Privados. A estrutura dos planos de seguros de danos. **Seguros de danos**. Disponível em: <http://www.susep.gov.br/menu/informacoes-ao-publico/planos-e-produtos/seguros/seguro-de-danos>. Acesso em: 10 out. 2022.

TARTUCE, F. **Direito civil**: teoria geral dos contratos e contratos em espécie. 16. ed. rev., atual. e ampl. Rio de Janeiro: Forense, 2021a.

TARTUCE, F. **Direito civil**: direito das obrigações e responsabilidade civil. 46. ed. rev., atual. e ampl. Rio de Janeiro: Forense, 2021b.

TEPEDINO, G.; SCHREIBER, A. **Fundamentos do direito civil**. 2. ed. rev., atual. e ampl. Rio de Janeiro: Forense, 2021. v. 2.

THEODORO JUNIOR, H. **O contrato e sua função social**. 4. ed. rev., atual. e ampl. Rio de Janeiro: Forense, 2014.

TOMAZETE, M. **Curso de direito empresarial**. 11. ed. São Paulo: Saraiva, 2020. v. 1.

VENOSA, S. de S. **Direito civil:** contratos. 21. ed. rev., atual. São Paulo: Atlas, 2021.

ZAPAROLI, R. A. Penhor. **Direito Net**, 2 set. 2013. Disponível em: <https://www.direitonet.com.br/artigos/exibir/8078/Penhor>. Acesso em: 10 out. 2022.

Sobre a autora

Luiza Helena Gonçalves é mestra em Direito Empresarial e Cidadania pelo Centro Universitário Curitiba – UniCuritiba (2018). Especialista em Direito Processual Civil pelo Instituto de Direito Romeu Felipe Bacellar (2006), com MBA (nível de especialização *lato sensu*) em Advocacia Empresarial pelo Estação Business School – EBS (2016). Graduada em Direito pela Faculdade de Direito de Curitiba (2004), suas pesquisas estão concentradas em direito civil, processual civil, empresarial e direito do trabalho. É também advogada e professora em cursos de graduação e pós-graduação.

Os papéis utilizados neste livro, certificados por instituições ambientais competentes, são recicláveis, provenientes de fontes renováveis e, portanto, um meio **respons**ável e natural de informação e conhecimento.

FSC
www.fsc.org
MISTO
Papel produzido a partir de fontes responsáveis
FSC® C103535

Impressão: Reproset
Fevereiro/2023